빛의 울림으로 시를 품다

QR 시노래29 뮤직

빛의 울림으로 시를 품다_한국의 시문학협회_28인의 시노래 뮤직

창작동네 시인선 190

빛의 울림으로 시를 품다

인 쇄 : 초판인쇄 2024년 12월 12일
지은이 : 최중환 이유연 외
펴낸이 : 윤기영
편집장 : 정설연
펴낸곳 : 노트북 출판사
등 록 : 제 305-2012-000048호
본 사 : 서울시 동대문구 사가정로 256-4호 나동B101
전 화 : 070-8887-8233 팩시밀리 02-844-5756
H P : 010-8263-8233
이메일 : hdpoem55@hanmail.net
판 형 : 신한국판형 P184_150-220

2024. 12_빛의 울림으로 시를 품다_최중환 이유연 외 두 번째 시노래 동인

정 가 : 15,000원

ISBN : 979-11-88856-92-3-03810

*저자와의 협의로 인지는 생략합니다.
*잘못된 책은 교환해 드립니다.

빛의 울림으로 시를 품다

28인의 시노래 동인

창/작/동/네

‖ 발간사 ‖

한국의시문학협회회장 아태문화예술총연합회대표 최중환

시집 "빛의 울림으로 시를 품다"를 제작·배포하며

　詩는 개인적인 감정이나 생각을 초월해, 보편적인 인간의 경험을 담아내는 도구다. 그러므로 시인은 자신의 감정이나 관찰을 바탕으로, 보편적인 의미로 확장 시켜 독자와 소통한다. 이 과정에서 공감과 위로를 주며, 때로는 새로운 인식의 전환을 일으키기도 한다. 글자 그대로 '언어'를 넘어, 감정의 파동, 이미지의 흐름, 소리의 울림 등 다양한 차원을 아우른다. '또한 시간과 시대를 반영하는 거울과도 같다. 시대가 겪은 역사적, 사회적 맥락을 토대로 새로운 의미를 창출한다. 지난 1집 ' 틈새의 빛으로 시를 품다 (23년 7월 15일 발간 : 시인 22명 참여)'가 독자들로부터 과분한 사랑을 받아 대단히 고무적이었다. 여세를 몰아 제2집 '빛의 울림으로 시를 품다 (24년 12월 12일 발간 : 시인 28명 참여)'를 세상에 내놓는다.
　이것은 시인들의 문학에 대한 열정과 치열한 삶의 결과이다.
　본 시집을 펼쳐 읽는 동안 감동과 위안을 받을 것을 믿는다.
　시인들의 마르지 않는 창작 정신에 박수를 보낸다.

2024년 12월 12일
아태문화예술총연합회대표
한국의 시문학협회
회장 최중환

‖ 축사 ‖

아태문화예술총연합회총재 조무수

안녕하십니까?
존경하는 아태문화예술 총연합회 소중한 회원 여러분 하얀 서리와 소복이 쌓인 통트는 태양을 여는 먼 길 쭈뼛 쭈뼛 흩날리는 눈밭을 걸으며 누구의 발자국을 하나씩 남기며 첫눈 오는 날 기다림과 자연의 품 그리고 포근하게 온도가 느껴지는 날 창가에 편지를 쓰는 향기로 동인시집을 발간하게 되어 진심으로 축복을 드립니다.

 창작과 열정을 쏟아온 문학인 여러분들은 다채로운 작품을 발굴하며 자아의 문학세계 '빛의 울림으로 시를 품다' 동인시집은 단순하게 시만 싣는 것이 아닌 영상시까지 넣어서 서정적으로 감동까지 느껴지는 듯 색다른 개성과 의미를 부여하며 더 자랑스러운 문화의 뜻 담아 환상적인 동인시집을 기대하게 합니다. 앞으로도 아태문화예술총연합회를 더 사랑해 주시길 바라며 항상 건강하시고 행복하시길 바랍니다.

2024년 12월 12일

아태문화예술총연합회총재 조무수

‖ 축사 ‖

김호운(소설가·한국문인협회 이사장)

빛의 울림으로 문학의 숲을 일구다

　제2회 『빛의 울림으로 시를 품다』 동인지 출간을 축하드립니다. 한국문학을 발전시키기 위해 노력하시는 최중환 대표님을 비롯하여 동인 여러분에게 문학을 향한 열정에 문운이 함께 하기를 기원합니다.

　2024년은 한국문학이 영광의 날개를 단 해가 되었습니다. 소설가 한강의 노벨문학상 수상 소식이 전해지던 날 우리나라 문인들은 물론이고 대한민국 국민은 누구나 환호성으로 축하 메시지를 전했습니다. 그러나 우리 앞에 놓인 현실은 여전히 만만치가 않습니다.

　한국에서 노벨문학상을 수상한 이후 무엇이 달라질까에 대한 기자들의 질문을 많이 받았습니다. 분명히 달라질 것입니다. 어떻게 어떤 방향으로 달라지며, 이를 문학 융성이라는 순기능으로 작용하자면 무슨 일부터 바꾸어야 할까. 더 나은 길로 가기 위해 어떻게 해야 하는가를 함께 생각해 보는 게 중요합니다.

　문학 작품을 읽는 일은 마음이 삭막해지는 것을 막는 나무 한 그루를 기르는 일과 같다고 봅니다.

한 권의 문예지는 마음을 정화 치유하는 문학의 숲과 같습니다.
저는 기회 있을 때마다 '문학을 존중하고 문인을 존경하는 사회를 만들자'라는 인식 변화 운동을 합니다.

 우리 문인들끼리 먼저 문학을 존중하고 문인을 존경한다면 우리 사회의 인식도 바뀌게 될 겁니다.
그 구심점에 문예지의 역할이 중요합니다.

 많은 독자가 문학을 사랑하고 문학의 숲을 이루도록 아태문화예술 총연합회와 한국의 시문학협회의 모든 회원 여러분 크게 넓게 발전 하기를 진심으로 기원합니다.
감사합니다.

2024년 12월 12일 한국문인협회 이사장 김호운

‖ 인사말 ‖

아태문화예술총연합회회장 이유연

안녕하십니까?
21세기 문화가 숨 쉬는 바탕으로 커뮤니케이션을 통하여 세계의 발전과 변화의 글로벌 시대...한국의 드라마와 영화 음악 시집 등 각광받으며 그중 문학 동인시집을 발간하며 특별히 생각하는 것은 시집안에 영상시와 어울림으로 음울한 폭넓은 정서의 성숙해가는 작품안에...싱그럽고 생동감이 넘치는 들꽃처럼 색색의 색채로 탐구하며 아름다운 시를 통하여 삶의 활력소와 생의 의견으로 풍요롭게 나눌 수 있는 겨울 향기가 물씬 풍겨지는 듯 의미가 짙은 동인지를 제작하게 되어 매우 감사드립니다. 시를 통하여 힘을 모아 시를 읽는 양식과 꿈. 낭만과 사색이 뒤덮인 문학의 경이로운 분위기를 폭넓게 걸어가시길 바랍니다.

아태문화예술총연합회와 한국의 시문학 협회를 사랑해 주시는 모든 분들에게 이 추운 겨울의 기운을 느끼며 행복하시길 바랍니다. 진심으로 감사드립니다.

2024년 12월 12일

아태문화예술총연합회회장 이유연 드림

‖ 축시 ‖

시인. 명예문학박사 정성수

틈

현실과 꿈의 경계가 희미한 사이에 존재하는 틈을 종종 나는 본다
세상의 틈은 일그러진 초승달처럼 기이하고 때로는 이질적이고 순수한 아름다움이었다

그런 틈을 바라보는 초 간단 이야기들
창틈으로 햇빛이 들어오는 것은 외로움 때문이고, 돌 틈에서 아기쥐가 쥐눈이콩 같은 눈을 뜨고 얼굴을 디미는 것은 그래도 세상은 살만한 곳이기 때문이다. 사람과 사람 틈에 시가 꽃처럼 피는 것은 사람 사이에 아직도 향기가 남아있다는 것이다.

틈틈이 짬을 내서 스트레칭이나 간단한 요가 동작을 하고, 책상과 서랍 정리하고, 짧은 명상과 깊은 호흡을 하고, 오랜만에 친구에게 메시지를 보내고, 산책길에서 친구를 만나 악수를 하고, 충분히 잠을 자면, 아! 나는 자유인.

이 세상에 틈이 없다면 사는 맛은 밍밍하겠지!
적극적인 일탈을 위해 오늘도 틈만 나면 틈에서 빠져나오는 꿈을 꾸는
나는 바보인가? 천재인가? 틈에게 물어봐야겠다
빛의 울림으로 시를 품다 동인지를 축하하면서

리턴 홈 Return home

작사 정성수

루루루~ 루루루~ 휘파람을 불며
나 이제 돌아가네

철없이 철없이 대처를 떠돌다가
바람불고 고달픈 세상을 내려놓고
집으로 돌아가네 돌아가네

절벽 같은 어느 골목 뒤로 하고
이 자식 기다리는
늙은 어머님 품 안으로 나는 가네

봄 산에 꽃이 피고
가을이면 곡식 익어가는 고향을 떠나
헤매던 세상에는
찬 바람만 불었네 하염없이 불었네

가도 가도 끝없는 길을 접어들고
나는 돌아가네
리턴 홈 리턴 홈
우~ 우~ 눈물의 리턴 홈

목 차

004...발간사_최중환
005...축사_조무수
006...축사_김호운
008...인사말_이유연
009...축시_정성수
010...축시 노래_정성수

014...**강동춘**
015...쇠북
016...산사山寺
017...노각
018...거미
019...바람

020...**김두원**
021...진달래꽃 필 무렵
022...내 인생에 후회는 없다
023...고마운 나의 손
024...나의 고향
025...행복이란

026...**김미정**
027...첫사랑
028...새해인사
029...잊고자 함은 잊을 수 없음을 말한다
030...가족공동체
031...거미의 의미

032...**김민채**
033...그리움이 행복에 기댈 때
034...하루
035...나의 노을
036...꽃술
037...그래도 사람이 좋습니다

038...**김설경**
039...기억 속으로
040...오도이농
041...봄봄봄
042...아지랑이
043...눈물

044...**김세일**
045...고향냇가
046...설레임
047...파도
048...고래불 바닷가의 추억
049...봄의 노래

050...**김현철**
051...고향생각
052...우담바라
053...갈대밭
054...산사의 밤
055...아가의 소리

056...**남혜란**
057...연꽃
058...향수
059...돼지의 돈생
060...친구
061...토마토

062...**박경희**
063...두 손을 모으며
064...서리꽃 피는 밤에 듣는 봄의 소리
065...손녀를 보고 있노라면
066...바람의 손
067...별꽃

목 차

068...배종숙
069...여인아
070...출렁다리
071...중년
072...배롱나무
073...가랑비

074...서순임
075...꿈속의 사랑
076...가을이여 안녕
077...능소화의 밤
078...만추의 계절
079...가을빛의 유혹

080...손영란
081...만추의 밤
082...여정
083...풀꽃
084...귀로
085...나는 어디쯤 와 있을까

086...손은주
087...약속
088...비인칭 주어
089...거울아 거울아 이 세상에서 누가 제일 예쁘니
090...홍역
091...애인을 공짜로 버리는 법

092...신경희
093...나를 찾아
094...엄마 봄
095...하루살이
096...봄 장날
097...봄비 내린 날

098...신재화
099...비와 그리움
100...단풍잎 연가
101...꽃차
102...가로등
103...꿈

104...유한아
105...별하나
106...봄꽃 마주하기
107...새학년
108...힐링 타임
109...마음의 꽃

110...윤정화
111...아름다운 사람
112...철없는 사랑
113...파란 물
114...불꽃
115...불멸곡

116...이명순
117...파도
118...시골 버스 정류장
119...어머니 꽃
120...홍시
121...상사화

122...이명자
123...너라서 참 행복해
124...내꽃
125...희망 날갯짓
126...추억
127...이사

목 차

128...이애순
129...연민
130...보고 싶다
131...이별
132...보고 싶다·2
133...상념 속에서

134...이유연
135...사색의 핀 노란 잎
136...소박한 마음
137...보랏빛 사랑
138...가을이 오면 그대 품으로
139...초록 향기 품으며

140...이호선
141...하얀 꽃으로
142...바위틈
143...옛 동무
144...어느 날 밤에
145...새봄

146...장순익
147...숲속 음악실
148...어머니의 맷돌짝
149...서리
150...한잔
151...반성의 시간

152...정규영
153...내 마음 깊은 곳에
154...님 소식
155...돋나물
156...서귀포인 기상일세
157...가을들꽃이어라

158...정희순
159...가지고 싶다네
160...해마다 봄이 되면
161...시대적 오류
162...내가 살던 그곳은
163...마지막 홍시

164...조향숙
165...당신을 사랑해요
166...그대를 사랑하면서
167...성찰
168...해(를) 품(은) 사랑
169...사랑새

170...최옥화
171...가을에
172...우리 엄마
173...나의 바다
174...별
175...독도 사랑

176...최중환
177...하얀 첫눈
178...바보온달과 평강공주의
　　　들꽃길 가냘픈 사랑
179...이슬 머금은 사랑
180...봄 기억 쉬었다 간다
181...가을 흔적

182...**심사평**_정성수
183...**심사평** 심사위원_이유연 최중환
184...**판권**

작곡 SUNO_쇠북_작사 강동춘
시노래 뮤직 QR 감상하기

강동춘

「등단」
· 1991년 아동문학 신인상 (동시 부문)
· 1992년 문학공간 신인상 (시 부문)
· 1992년 한겨레신문 (시부문)

「저서」
· 동시집 「꽃보다 아름다운 친구」「종달새가 물고간 수수꽃다리」
· 시집 「달이 노니는 개울」「바람」외 공저 다수

「수상」
한국아동문학대상. 매일신문 시니어 문학상 논픽션 특선
한국아동문학 작가상. 대한민국 환경문학 대상. 소월문학상
한국불교문학상. 전국수필공모문학대상. 대한민국 보훈문예 시니어 문학상
자필문학 시조 대상. 전국 시공모 문학대상. 모닝 썬데이 문학 대상

「현재」
국제 PEN 한국본부회원. 한국문인협회원. 한국아동문학회 중앙위원
전북불교문학회회원. 전북문인협회원. 군산문인협회원. 전북아동문학회회원
글마당 부회장. 향촌문학회 부회장. 한국아동문학회 군산 지부장.

쇠북

작사 강동춘

목이 쉰 쇠북 울음 한 가닥이
돌담을 올라 나뭇잎을 간지럽힙니다

풍경도 울지 않는 고요 속
들여다볼수록
고요는 고요할 뿐입니다

새소리가 바람 없이 나뭇가지에 앉아
좁은 길로 오르는 암자를 봅니다

이럴 땐 정녕
하늘의 선사가 내려올 듯도 한데
용을 탄 구름 한 점 외롭습니다

들고 온 햇살 묻은
옥 피리를 불어 드릴까요
쇠북을 쳐 드릴까요

오늘 무거움도 못 내려놓고
오던 길을 천천히
내려갑니다

강동춘

산사山寺

울음 한 가닥이 돌담에 걸터앉아 나뭇잎을 만지작거립니다

일주문 밖에서 서성거리던 바람은
절 마당에 들어
오체투지 중입니다

햇살을 무지개로 깔아놔도 고요를 밟고 오는 이 없습니다

스님들은 좌선에 들고 선방 창호문 밖으로 이따금
죽비소리 푸르게 새어 나옵니다
저녁 공양을 기다리던 동자승의 이마에 내려앉은
햇살이 무거워
자꾸만 앞으로 기울어지는 석양 무렵

백팔 염주 마디마디에 담긴 풍경소리 허공에 울려 퍼집니다

고해 같은 인생사 잊으려 합장을 하고
두 눈을 감아도
속세에 묻힌 정은 여전합니다

노각

척박한 그늘에
노여운 불길로 탄 촛불이 오르고
감아쥔 힘줄에서 액을 토하면
엉켜오는 우주는 소용돌이친다
빗발과 바람의 손짓으로 맴돌던
홍역을 치르면서
가슴 한켠에 한 송이 꽃을 피우면
실핏줄 따라 맺히는 신비의 알갱이 한 알
벌 나비 희롱에 신방을 차렸던
황홀했던 날부터
낯 가린 푸른 장막 뒤에서
꿈으로 꿈으로 긴 잠에 빠지면
안으로 젖어드는 꿀샘은 드디어 보물을 잉태한다
눈길로 눈길로 크면서
옛날을 회상할 때 빠꾸기는 그렇게도 울었었지
첫마디 첫 열매는 긴 호흡에
푸르름을 벗고 갈색 옷으로 갈아입는다
햇살이 침을 꽂으면 윤기나는 몸뚱이릴
뒤척이면 성급히 설원을 재촉할 때
물기 빼앗긴 가녀린 줄기와
말라가는 잎이 이별가를 부르면
비로소 또 다른 이름을 얻는다

강동춘

거미

아침 해를 그물에 걸어놓고 기회를 엿본다
살눈 뒤의 밤은 어둡고 길었다
바람이 심술을 부리면
햇살을 걸러내는 그물은 은빛이었다

저것은 수정 같은 이슬, 무채색으로 치장한 바람
이 들락거리는, 허공에 엮어놓은 집은 언제나 위
태로워도 거미는 집 한 채 지어놓고, 별들을 실
에 묶어 지상으로 내린다. 거미가 으스러지게 바
람을 껴안는 것은 바람이 늙어가는 것이 서럽기
때문이다.

거미가 항문으로 거미줄을 뽑아내는 것을 본 사람은 안다
수많은 풍경을
제 앞으로 끌어당겨
불온한 세상을 집어삼킨다는 것을

스스로 제 목에 줄을 감지 않는 것은 거미뿐이었다
어둠을 묶어 놓아도
별들은 저희끼리 눈빛을 보내고 있었다

바람

흔들리는 것은 바람 때문이었다

봄바람에 꽃은 피고
가을바람에
나무는 열매를 맺는다
살아갈 이유는 흔들림에 있다
바람이 잠잠해지면
흔들리던 것들은 제자리에 온다

유년의 바람개비를 입에 물고 달리면
바람개비는 빙글빙글 힘차게 돌았다

바람개비가 신이 날수록 골목도 따라 신이 났다

추억 속에서 돌아가던 바람개비가
꿈속에서 하염없이 돈다
바람이 꽃잎을 날리고 나무를 흔드는 것은
삶을 치열하게 하고
고통은 한때라는 일깨움이다

오늘도 바람 부는 언덕에서
바람을 맞이하고 바람을 보낸다

강동춘

 작곡 SUNO_진달래꽃 필 무렵_작사 김두원
시노래 뮤직 QR 감상하기

김두원

강원도 양구 출생
현재 인향문단 회원
인향문단 동인지 3, 4, 5 집
시화집에 시를 발표
미주예총작가 초대전 전시
남가주문인협회 시화 전시
서울 비엔날레 작품전 전시
쿠바.한국수교기념 초대전 전시
문학상 수상
아태문화예술총연합회 부회장
한국의 시문학협회 문학이사
개인 시집 발표 계획

진달래꽃 필 무렵

작사 김두원

그대와 처음 만났던 언덕 위에
진달래꽃 필 무렵이면
가슴마다 연분홍꽃 물들어
이토록 젖어 오는 꽃잎에
봄바람이 불어와 그대 향기 놓고 가네

우리 서로 연분홍 입술이 되어
꽃잎이 익어 갈 무렵이면
그대가 두고 간 기억의 꽃잎마다
햇살은 아롱져도 기다림은
저무는 해를 막지 못하네

세월 지난 지금
그대와 내가 다시 만나도 좋을
언덕에 진달래꽃 필 무렵이면
그때 그리움이 밀려오네요

눈을 감으니
잡힐 듯 말 듯 아련히 스쳐 가는
지난날의 로망스여
지난날의 추억이여
지난날의 사랑이여

김두원

내 인생에 후회는 없다

도랑에 물흐르 듯
졸졸거리며 살아온 날들

젊어서 는 항상
지금 같은 날만 있으랴라
생각했었다

삶이란
내가 생각한 대로
내가 원하는 대로 해 준 적이
한 번도 없었다

늘 불안과 초조함으로
하루하루를 살았다

그러나
황혼으로 가는 길옥에서
뒤돌아보니
내 인생은 나의 것 이였다

내 삶을 누군가 대신
살아줄 수 없다는 것을 알았다

젊은날 좀 더 열심히 살아 볼걸
하는 후회는 있지만
그래도 최선을 다해 살아온
세월의 뒤안길을 뒤돌아 보니
후회는 없다

고마운 나의 손

그동안 나는
나의 손을 한 번도
눈여겨보지 않았다

내 손마디에
내 손바닥에
내 손톱에
흘러가는 세월 속에
내 나이만큼 손이 얼마나
많은 일을 했는지

조용히 한참을 들여다 보며
고맙다고 애썼다
나를 위해 모든 것을 만져주고
잡아주고

아침부터 밤늦게까지
나를 위해 제일 많이 움직인 손

굳은살과
주름이 생겨 있지만
예쁘고 든든한 나의 손

고맙다
애썼다
감사하다
오늘은 소중한 나의손을 보며
고생했다고 말하고 싶다

김두원

나의 고향

파로호 맑은 물에
물고기들 자유로이
물길 따라 헤엄치고

사명산 아래
자리 잡은 청춘 양구
나의 고향

경치 좋고
인심 좋아
양구에 오시면 10년이
젊어집니다

아침이면
물줄기 따라 물안개 피어오르는
고향에서만 느낄 수 있는 풍경들

봄이면 곰취 축제
가을이면 시래기 축제
물 좋아 공기 좋아
맛도 최고 영양도 최고
고향의 명품 특산물

와 봐야만
알 수 있는 곳
보아야만 느낄 수 있는 곳
그곳이 바로
청춘 양구
나의 고향이다

행복이란

내가 살아온 세월 속에
어느 때는 울기도 했고
어느 날은 웃기도 하면서
살아온 지난날들을 뒤돌아보니
그래도 행복한 날이
많았기에 후회는 없다

내 삶이
때론 노래가 되고
때론 시가 되고
때론 눈물이 되며
때론 웃음이 되기도 했다

누구나 삶에는 사연이 있겠지만
가난한 시골 농부의 칠 남매중 맏아들로 태어나
많이 배우지도 못했고
배불리 먹지도 못하고 자란 탓에
가난이 어떤 것인지를
일찍부터 알았기에
내 삶에 힘과 용기를 갖게 해준 것에
어쩌면 더 열심히 살 수 있는 원동력이
되였는지 모른다

지금 나의 삶에 후회는 없다
아직 일할수 있는 곳이 있고
나를 기다리는 이들이
있기에 참 행복하다

아직 조금은 부족한 삶이지만
그래도 오롯하다

부족하지만 하하하
웃는 날이 많으니
그것이 행복이 아니던가

김두원

작곡 SUNO_첫사랑_작사 김미정
시노래 뮤직 QR 감상하기

김미정

한국생활미술협회 지도교수 (포슬린 아티스트)
한국문인 문인협회 지부이사, 한국미술인협회회원 (입상)
2018년제14회 좋은생각 생활문예대상 공모전 입상
2019년영남일보 달구벌 공모전 수필부문 입상
2019년산림청 산림문화 공모전 수필부문 입상
2019년경북신문 수기공모전 수필부문 입상
2020해양수산청 제8회 등대문학상 공모전 수필부문 우수상
2022년 전국 여성 문학대전 수필부문 최우수상
2023년 내외매일신문 문학대전 수필부문 대상
2023년 대한민국 서울시 환경문화대상 수필부문 대상
.활동-2022,2023년 수원 컨벤션센터, 김천대학교-제1,2,3회 고운 색 한줌 개인전
.작품소장-1.김천대학교 본관 2.약목 초등학교 역사관 3.동서유지(주) 본사

첫사랑

작사 김미정

그리웠어
사연을 돌돌 말아 숨겼던 그리운 이름
둘둘 풀려 가슴에 수채화로 그려졌어

어린 시절
다 자라지 않은 마음 줄기에 꽃을 피웠어
꽃이 피기엔 모자란 것들이 너무 많아서
이내 바람에 떨어져 버렸어

시간이 흘러 마음 줄기 단단해지고
내 줄기에 피우지 못한 꽃을 찾았어

누군가의 줄기에 예쁘게 피어난 그리웠던 꽃
고맙고 미안해서 너무 그리워서
눈물이 꽃잎에 고이는 밤

김미정

새해인사

새벽에 눈을 떴다
살이 찢기는 듯 명치가 아팠다
뒤적거려 좁쌀만 한 알약에 나를 맡겨본다

지난 명절
가까운 지인들이 복보다는 나의건강을 기원해줬다
내가 나이가 들었나 하는 씁쓸함
세월에 나라고 별수 있나 했지만 내심 시간을 탓했다

아플 줄 알았던 걸까
염치없이 넙죽넙죽 새해인사를 받은 덕인지
조금씩 통증이 사라졌다

다가오는 새해
투덜거리지 않고 건강을 기원해주는
새해인사 많이 받아야겠다

잊고자 함은 잊을 수 없음을 말한다

바다 앞에 섰다
바닷물 퍼 담아 끼얹듯 거친 살이 갈라지자
소금기가 표피를 뚫어 파고들었다
동경도 그리움도 아닌
간절함이었고, 보고픔이었다

수십 번을 털었다
다시 머릿속을 기어 들어왔다
그리움은 파도의 너울 따라
흘러갈 것이라 믿었다
고임을 부정하며 눈을 감았다

세상을 암흑으로 만든 눈
가슴에 불을 밝힌 듯 모습을 찾아내고 있었다
순간 많은 기억들이 무더기로 달려들었다
촉촉이 가슴을 차고 들어오는 울혈 한 점
그 순간 나의 간절함과 보고픔은 압권이 되었다

저만치 서 있던 보고픔이
애간장을 태우는 것만 같았다
잊고자 찾아 나선 여행이었다
고요 흐르지 못하는 호수처럼
그리움을 잊고자 떠났지만 흘려보내지 못했다
그리움은 다시 고이는 호수가 되고 말았다

김미정

가족 공동체

현관문 앞에 들어서자 여기저기 원래의 색을 잃은 오래된 이불이 펼쳐져있었다
눈물로 흐릿했지만색 바랜 무늬와 촘촘히 꿰맨 고뇌가 확연히 느껴졌다

낡은 소파는 그토록 원망하며 곁을 떠날 수 없었던 수심과 갈등까지 봉합한 듯
구겨져 있었다

암묵의 포자가 깔려 공간의 우울함을 두껍게 키워나간 듯 쓸쓸함이 짙게 냄새를
품고 있었다

순간 감정이 조밀하게 뒤엉켜 말이 앞서질 못했다
후줄근한 감정들이 다가서려는 발걸음을 막아섰다

나의 뒤뜰에 아프게 자리한 유년의 잡초 무성한 기억들이 나의 발목을 잡았다
음지에 웅크린 마음이 쉽사리 양지의 햇살을 마주하기는 어려운 일이다

새벽 물안개에 엉킨 선명한 기억들을 거머쥐고 희뿌연 기억 들인 듯 웃기에는
지난 내 서러움이라는 무게의 추가 너무나 무거웠다

그리웠던 만큼 애잔했고 떨어져 지낸 시간만큼 슬픔의 색은 농밀했다

모든 계절은 우리들이 노력 없이도 만나듯 결코 스스로 도래하지 않는다
지구와 달의 절기에 따른 태양의 남중고도의 높낮이로 잉태한다

한 생명의 탄생 역시 사랑으로 한 가족을 만나게 된다
만남이 연속성을 지니지 못해 생기는 공간적인 거리는 심적인 거리와 동일한 간격을 만든다

불러 볼 수 없었던 그 한마디

살아있는 자연의 생명들은 그 계절에 가장 능동적으로 성장을 한다
앞선 계절에 결코 뒤지지 않게 세상에 혁명을 일으키며 성장에 가장 적극적이다
사랑은 그렇게 적극성을 만들었다

아버지!

거미의 의미

나는 거미를 볼 때는 두 가지를 생각합니다
돈복이 있을라나, 징그럽다
참으로 극에서 극으로 가는 생각입니다
어머니가 내게 일러준 거미는 돈복이었고
세상이 일러준 거미는 징그러움 이었습니다

김미정

 작곡 SUNO_그리움이 행복에 기댈 때_작사 김민채
시노래 뮤직 QR 감상하기

김민채

Kim min chae
*선진사 (일본회사) 스모마크_디자이너
*케이디엠(k D M) 의료기 회사_본부장 퇴임
*제이 엔 제이 (J & J) 장신구_디자인&대표
*(국제전)2023_프랑스 파리 루블_전시및 문학상 수상 2023 .9
*삼성코엑스 아트페어_전시 2023. 12
*현대시선 신인상 시 부문 등단_2023.9
*아태문화예술총연합회 문학이사
 한국의 시문학협회 사무국장

그리움이 행복에 기댈 때

작사 김민채

어제 흐르던 눈물 닦게
손 내밀어 준 당신
아침에 눈 크게 떠
바라볼 수 있어 감사합니다

겨울 산벼랑에 걸린 목숨
어두운 생각 멀리 버릴 때까지
이리도 살아 있어야 한다는 것
오늘도 숨 쉴수 있게 해준 그리움

내가 나를 꺾은 몇 가지 운명
허우적거려도 언제나 눈동자처럼
지켜봐 준 당신 있어 나
행복합니다

김민채

하루

흐리고 어두운 짙은 호수
짓궂게 포옹하는
검은빛 밤안개

소리 죽여 하나 둘
돌아앉은 네온불

차차로 영혼이
불사 오르는

무심으로 토해낸
하얀 바람

좁은 곳으로 작게
빌어온 숨소리

왜 어제는 버리고
오늘은 낭비하며
내일는 허비하려 하나

들이켠 심오한 차 한 잔에
하루를 접는다

나의 노을

서서히 하늘이
물들어가는 순간

흔히 노을을 보며
하루를 한달음에
마감하려 하지만

나는 노을을 보며
휘돌아 시작한다

이젤 앞에 앉은 노을진
작업실 금방 한 작품을
완성할 것 같아

붓을 잡아 보지만
갈 길을 헤맨다

자칫하면 오던 노을진
길마저 날아갈 듯 절이다

김민채

꽃술

안개 같은 그리움 하나로
버티어 온 오십 고개

단풍잎 물들어가는 소리에도
놀라고 막연한 기다림
하나로 달음질쳐 온 삶

낙엽처럼 떨어지는 꽃잎
떨어져 시들어진다 해도
꽃처럼 산다

빛으로 사는 삶에
마음 끝에 매달린 이슬

신선한 정열마저
햇빛에 널어 말리면
까맣게 그을리는 꽃술

그래도 사람이 좋습니다

사람으로 인하여
아프고, 속상하고
괴로워도 나는
그래도 사람이
좋습니다

사람이 산다는 것은
함께 할 때, 위로가
되듯 행복이 있는
거랍니다

이 순간, 사람이
아름답습니다
사람을 사랑해서
그래도
사람이 좋습니다

김민채

 작곡 SUNO_기억 속으로_작사 김설경
시노래 뮤직 QR 감상하기

김설경

(전)성남 서현문화의집운영 팀장
(전)사단법인 우듬지 문화예술 교육이사
(전)문학의숲 회원
(현)한국의시문학협회 문학이사
(현)아태문화예술총연합회 홍보국장

기억 속으로 _작사 김설경

산골짜기 구석진 메마른 땅에
흙벽과 이엉 엮어 지은 삼간초옥

고주초석 돌덩위에 까치발 들고 서면
산과 들과 바다가 한눈에 들어왔다

파란 하늘 위에 수많은 구름 떼는
변화무쌍 인류사로 비가 되어 뿌려지고

애달픈 우리할매 무뚝아비 바라보며
이리살지 몰랐다메 연신 한탄 쏟아내도

아버지 산서 끌고온 장작 팰 때마다
철모르던 밤톨 남매 꺄르르 웃어댔다

여름날엔 미꾸리 잡아먹고
겨울철엔 까투리 잡아먹던 그때가

오지 않을 것 같던 날로 서둘러 찾아와
세어보니 변한 강산만 다섯 해구나

어린 시절 동경의 단어들은
이제 어른 되어 향수로 흩뿌려지고

먹은 나이만큼 늘어난 숫자 위로
순수의 감정만 변함없이 녹아든다

김설경

오도이농
　　_(5일 도시생활 2일 시골생활)

월 화 수 목 금
꾸깃꾸깃 구겨진 내 마음

탁탁 털어내려 (시골)내려간다

토 일
반듯하니 곧게 다려진 내 마음

회색빛 전쟁터로 (도시)향해간다

봄봄봄

봄꽃이 재채기하면
내 마음은 간질간질
곧 살랑바람이 나네

이꽃 저꽃 재채기에
동네방네 사랑타령
시집가는 계절인가

김설경

아지랑이

대지의 인내심은
기어이 피어올라

착실히 흘려보낸
겨울의 시간만큼

꺼진듯 소리없이
살포시 드리우고

얼음밑 스쳐가는
갸냘픈 시내처럼

어느새 스며들고
마음속 불지펴서

기어코 봄마중을
하려나 보옵니다

눈물

내
눈물
한방울

또르르 굴러
냇가에 떨어지면

강으로 이어져
큰 바다로 간다했지

파도처럼 높이 뛰다
하늘로 올라가는 날엔

무지개로
다시금 피어난다했지

서
있던
자리에

김설경

 작곡 SUNO_고향 냇가_작사 김세일
시노래 뮤직 QR 감상하기

김세일

청은 김세일
경북 영덕. 숭실대 정보대학원, 사)종합문예유성. 문예대 2기 졸업
시 등단, 대한민국 가곡작사가 협회, 한국음악저작권협회 회원,
문예지도사 2급, 문화예술공헌대상, 집현전/국자감 문학상
아태문화예술총연합회 부회장
한국의시문학협회 문학이사

고향 냇가

작사 김세일

지난밤 꿈속에서
고향 냇가를 보았다네

초록 밀밭 길 사이로
한 움큼 묻어둔 푸르른 시절
남문 골목 동무들의 정겨운 소리

원구리 냇가에서
천렵 꾼 아재들의 신명 나는 소리
사십여 년 만에 다시 찾은
벌영리 메타세쿼이아
정겨운 숲길에는
그리운 추억이 나뒹굴고

그 시절 초동들 앳된 모습은
세월의 그림자에 가려져
도무지 찾을 길이 없어라

아카시아 뚝방길 꽃향기
아로새긴 우정의 약속은
무심한 세월 속에 묻혀지고

이젠 그 시절의 기억조차 가물가물하니
밀려드는 회한에 주름진 내 마음이
못내 못내 애달프다

김세일

설레임

천사가 하늘에만 사는 줄 알았네

나뭇꾼이 선녀의 옷을 훔쳐가기 전까지는

팔월 십 일 지난해 임인년 햇살 가득한 날

아기 천사 꿈결 속에 소풍 와서

사랑과 축복 가득한 웃음 보따리

한아름 안겨 주었네.

파도

청아한 갯바위 살포시 고개 내밀고, 오지 않은
서러운 파도를 기다리고 있다

해초 내음 땀방울 묻혀 한 움큼 쥐여 주면
펄쩍펄쩍 튀어 오르며, 은구슬 옥구슬 한껏 토해내곤 한다

밀려온다고 해서 모두 다 보듬어 주는 건 쉽지 않을 텐데
꿈속에서 한 소쿠리 토해내는, 포말 속의 옹알이 같다

가없는 사랑을 꿈꾸는 갯바위, 그리움 안고
해초가 되어, 너풀거리고 있다.

김세일

고래불 바닷가의 추억

동해, 청자색 바닷가로 나들이를 갔었네
어매 손길 가득한 백설기, 개떡을

포대기에 잔뜩 어부바하니
삐거덕 덜거덕 달구지는
금새 만삭이 되었다

찰떡궁합 딱지치기 동무는 이야기보따리 한가득 입에 물고
꿈속의 보물을 찾아 솔가지 부여잡았네

해변가 언덕 너머 갈길 바쁜 낙조 기러기 친구삼아
목청껏 한곡조 불러 젖혔다 아, 그리운 옛 동무여

봄의 노래

꽃잎 같은 눈꽃송이
향기에 취한 채
뒷동산을 거닐며
추억의 노래를 불러 보네

아지랑이 속을
스치듯 지나가는
앞산의 실바람 숨결은
버들개지처럼 가볍구나

겨우내 된서리 맞아 지친 개울가에는
자주색 봄여뀌꽃
살며시 고개 들어
봄소식에 귀 기울이고

환삼덩굴 사이 여린 떡잎은
무당개구리 반가이 어루만지네

아 아, 살얼음 개울가에서
새순이 활짝 기지개를 켜고 있다.

김세일

작곡 SUNO_고향생각_작사 김현철
시노래 뮤직 QR 감상하기

김현철

명예 문학박사
여수상고 졸업_일본 청산학원
스포츠학과 3년 수료
2015년 대전 대한문인 창작예술협회 시부분 등단
수상 도전한국인 2018 년 문화예술인 대상수상
2021년 황금찬 문학상 수상
황금펜 문학상 수상/윤봉길 문학상 수상2022
서울대학교 서울예술상 수상/동양문학 최우상 수상
노벨위원회 문학상 올해의 대상수상
스포츠 닷컴 최우상 수상2023
대지문학 최우상수상/대한민국 문화예술상 대상수상2024년
한글 세종대왕 수필부분 대상수상
글로벌 공헌문학대상 수상
저서 :내 고향 여수
해외문화교류협회_문학지
대전중구 문학집 등 100편 공저

고향생각

작사 김현철

구비구비 산을 돌아
잊으려 했지만
보리피리 입에 물고
네 앞에 서성이는 꿈들

돌아올 것을 약속했던
그 어린 석류나무는
가을빛을 받아
붉게 영글어 있겠지

달이 뜨는 밤이면
늑대 울음처럼 들판으로 나서던
그대 풀어헤쳐 진 그리움이
눈물 되어 흐른다 했던가

친구여 아직은
눈물을 보이지 않아도 되리
그대 안에 이 아침도
고향의 작은 내 흐르고 있으므로

김현철

우담바라

앓고 나면 더러는
길이 보인다 했다

천년을 앓아오던
작은 절 부처님 이마엔
우담바라가 피어
천년의 아픔을 내보내야 했다

살아 60평생을 내 마음 깊은 곳에 있던
그 가슴앓이
이제는 꽃으로 피어

바람 속으로 들어서고
눈 속으로 들어서서
너를 잊을 수 있을 거나
너를 내보낼 수 있을거나

아직
꽃을 피우기에는 일렀다

갈대밭

순천만 갈대밭
갈바람이 분다
몸은 흔들거리며 나부낀다
바스락거리는 소리가
순천만에 울림을 준다
하늘을 본다
파아란 하늘바다
바람꽃과 함께 가고 있다
온몸으로 소리를 지른다
비틀거리면서
갈바람이 분다
순천만 갈대밭에

김현철

산사의 밤

바람도 지쳐 눅눅한 밤
흐드러진 달빛 따라
숲은 다시 일렁이고

어디선가 부엉이 한 마리
고요한 숲속을
처량한
울음소리로 가두어 버린다

짝 잃은 설움일까
밤은 적막을 깨우는 심술꾸러기

고요한 산사에 서서히 다가오는
새벽을 따라 무수한 나무 그림자도
조용히 자리를 비운다

단풍드는 소리

아가의 소리

아가야
가을이라고 사람들은
고운 단풍잎을 찾아
산으로 떠나는구나
네가 떠나가던 그 가을부터
내게는 잊힌 단풍잎들이다

행여 그 붉은 잎 속으로 들어서면
채 펼쳐보지도 못한
너의 꿈들이 아우성이라도 칠까 봐
나는 아직 나서지
못하고 있단다

이 가을은 그 웃음소리
내 마음에 고이고 고여
가을이 온통
멍이 들도록 듣고 싶다

아가야
이제 곧 서리가 내리겠지
너를 위해 두터운
양말을 사던

내 마음이 한바탕 너를 부르리니
잘 있다는 그 대답을
이 가을에는 들려주겠니
아가야

김현철

작곡 SUNO_연꽃_작사 남혜란
시노래 뮤직 QR 감상하기

남혜란

- 1972년 중국 흑룡강성 할빈 출생

「학력」
- 흑룡강대학 일문과 졸업

「경력」
- 1995년 8월~1996년 7월 베이징 장가계 여행사 일본어 번역
- 1996년 8월~2006년 7월 중국 쓰촨성 청두해외여행사 일본어 전문가이드
- 2007년~2019년 9월 산둥성 창다우 이공대학 일문과 강사로 재직

「그외」
- 초등학교 시절부터 중국에서 출판되는 우리말 잡지와 신문에 기고했다. 꾸준히 노력한 결과 〈연변녀성〉, 〈흑룡강시문〉, 〈송화강〉등 여러 잡지에 다수의 수필과 수기를 발표했다.
  고등학교 때부터 공모전에서 최우수상을 수상했으며 그 후로도 다수의 잡지사와 신문사에 글을 발표하였다. 한국에 온 후로 2021년 동포문학 우수상, 2024년 향촌문학대상 특별대상 수필부문을 수상했다.

연꽃

작사 남혜란

수줍게 모습을 드러내는
저 어여쁜 연꽃
6월의 연못은
연꽃이 피어서 너무 좋다

활짝 핀 연분홍빛
연꽃의 모습은
수줍은 새색시의 모습

진흙탕을 뚫고 나온 연꽃
세상에서 가장
깨끗하고 우아한
모습을 하고 있어요

남혜란

향수

물안개가 모락모락 피어오른다
도심 속의 작은 시골 마을
분위기 있는 카페에 앉아서
비 내리는 창밖을 바라본다.

아름다운 시골 풍경에 푹 빠져서
애들마냥 기뻐하는 우리들
창밖의 풍경은 익숙한 듯 낯설다
기억의 저 멀리에서

그때는 몰랐다
도심속의 빌딩 숲에 살면서
민들레 꽃 한 송이도
무한 감동을 받을 수 있다는 것을

그때는 몰랐다
풀 한포기 꽃 한 송이의 소중함을
그 옛날 고향마을의
아름다운 풍경 속에서 뛰어놀던 우리

우리도 아름다운 풍경 속에서
풍경 속의 일부가 되고 있다는 것을
그때는 몰랐다

우리는 영원히 천진난만한
동년 시절로 돌아갈 수 없다는 것을

비는 계속 주르륵주르륵
나뭇잎을 씻어준다
도심 속의 지친 삶을 멀리하고
어린 시절 추억 여행으로
어린애마냥 들떳어요

돼지의 돈생

아기 돼지는 귀여움을
많이 받아요
토실토실, 포동포동 등
귀여운 단어는
아기 돼지의 몫이지요

세간의 온갖
귀여움을 받던 아기돼지가
어른이 되었어요
온갖 나쁜 단어가
쏟아져요
돼지처럼 게으르다
돼지처럼 뚱뚱하다
돼지처럼 미련하다

돼지는 머리부터
발끝까지 모든 것을
인간에게 내주어요
돼지의 돈생 참
안쓰러워요

남혜란

친구

오늘은 누군가와
꼭 만나고 싶다
커피도 마시고
수다도 떨고
고민도 훌훌 털어버리고

오늘은 친구와
만나고 싶다
널 보고 싶었어
과감히 생각도 말해주고
서로 웃고 떠들고 싶다

세상 돌아가는
이야기도 들어보고
친구에게 하고 싶었던
이야기도 마음껏 하고싶다.

토마토

옥탑에 오이랑 토마토를
심었어요
거름이 너무 많아서 인지
키가 크지 않아요
오이는 잎사귀가
노랗게 죽었어요
빈약한 몸으로
꽃을 힘겹게
피운 토마토는
두 개 달렸다
얼마 지나서인가
토마토가 익었어요

남혜란

작곡 SUNO_두 손을 모으며_작사 박경희
시노래 뮤직 QR 감상하기

박경희

월간 시문학 시 등단, 계간 뿌리 수필 등단
시집 : 하늘을 바라보면 배가 고프다 외 다수
수상 : 전국 시낭송 대상, 푸른 숲 문학상 전체 대상,
　　　시와 창작 최우수상 외 다수 수상
현, 한국 현대시협 위원, 시문학 아카데미 위원, 시의 땅 이사,
세계한글보급회, 한글세계문화재단 후원회장, 월간 신문예 편집장,

두 손을 모으며

작사 박경희

긴 세월 염원하였고 먼 후일에도 염원하겠지만
공양간 마루에 배낭 부리듯, 이고 지고 온 무거운
고난의 짐, 법당에 내려둘 수 있을까

업으로 쌓인 세월, 씨앗 되어 잎 돋고 꽃피어
영근 열매 맺을 수 있을까

동짓달 짧은 해는 서산에서 손짓하고
맑은 풍경소리 퍼지는 산사의 뜰
절 마당 가득 채우는 염불 소리
지극한 염원으로 닿아서
중생들 소원 성취 빌어준다

사람아, 사람아 신을 찾는 사람아
오랜 세월 사랑하였고
먼 후일에도 사랑할 사람아

차디찬 마루에 바위처럼 굳게 앉아서
꿈만 꾸는 사람아

박경희

서리꽃 피는 밤에 듣는 봄의 소리

차가운 겨울 아침을 노래해 본 새들은 알지
잎 떨구고 앙상한 뼈만 남은 감나무도
겨울을 견뎌야 봄이 오는 것임을 안다

그렁그렁 매달린 눈물 얼어 고드름 될 때
고된 일 마치고 늦게 귀가하는 가난한 자의 노래
외롭지만 자유로움은 죄가 아니어서
나도, 너도 우리 모두 조금은 고독한 삶을 즐기지

매운 추위의 칼날에도 날갯짓하여
암울한 가슴 펴고 허공을 날아오르는 새
바람은 역행하는 것이 아니라 그냥 몸을 맡기는 거야

나무와 나무들이 손잡고 혹독한 추위를 견디며
서리꽃 피는 밤을 가로질러 봄을 겨냥하는 눈빛
외투 깃을 올리며 손 내밀어 부르는 노래
가만히 귀 기울여 듣는다, 푸른 봄을 풀어내는 풍금 소리.

손녀를 보고 있노라면

한 자루의 연필이 되기 위해
나무는 얼마나 제 몸을 깎아냈을까

살다 보면 삶이란 거미줄처럼 얽혀
그것을 풀고 다시 엮으며, 때론 자르면서
가파른 산을 넘고 가시덤불 헤쳐 가는 거지

인연이 얽힌 삶이란
자르지 않고 깎아내지 않고 비우지 않으면
배낭이 너무 무겁지 않던가

지고 갈 만큼만 지고 가자
탐욕은 자신을 갉아먹는 벌레
그렇다, 손녀의 곱디고운 얼굴을 보고
맑디맑은 눈을 보고 있노라면
어느 듯네 눈에 들어가 있는 나

오래 앓던 편두통이 말끔하다
지나온 길 돌아보니

너는 삶의 울림이고 꽃의 향기로 내 가슴에 퍼진다.

박경희

바람의 손

별 하나 깜빡이고 있습니다

잃어버린 시간 속
순한 눈동자

오늘, 다시 아기가 된 어머니
만나러 가는 날입니다

고속도로 차창마다
어른거리는 눈동자

순하디순한 사슴의 눈물이 흐르네요
국수 가락 같은 몸을
어루만지고 온 바람의 손에

바스러질 것 같은, 마른 꽃잎
까맣게 계절을 잊고
뿌옇게 돌아서서 울고만 있습니다.

별꽃

밤하늘엔 별
봄 뜰엔 꽃

그 누가
이렇게 작고 빛나는 꽃에게
세상에서 가장 어여쁜
두 이름을 따다가
하나의 이름으로 불렀을까

봄 동산에서 흔하게 웃고 있지만
자세히 눈여겨보지 않으면 지나치는
밥풀처럼 작디작은 하얀 꽃

별꽃을 내려다보며
살아오는 길목에서 마주친 숱한 인연들
별 같고 꽃 같은 사람들이었음을
이제야 깨닫는다.

박경희

 작곡 SUNO_여인아_작사 배종숙
시노래 뮤직 QR 감상하기

배종숙

* 등단
문학공간 시,시조 신인문학상
* 저서
시집 그리움 헤아리다, 아버지의 강,
디카시집 혼자가 아니야
시조집 얼마나 더 깊어야 네 마음 헤아릴까
동시집 혼자가 아니야
외 공동시집다수
* 수상
오은문학사 동시 신인문학상
한국청소년신문사 신춘문예 수필 당선
향촌문학상 (수필 최우수상)
황금찬문학상 (동시, 시 대상)
표어 부문 장원 (통일부장관상 수상)
* 문학활동
한꿈문학회 회장, 한국가을문학 편집위원
법인 노벨재단 사무부총장, 구영남시조낙강정회원
강원시조정회원, 한국가을문학 편집위원
한국사진문학정회원, 한국그린문학 이사
한국예술연대 이사역임 대한시문협 이사
천성문인협회 이사 심사위원

여인아

작사 배종숙

진달래 철쭉 수다떨다
온천지 바람났나
봄바람이 소문내는 팔랑귀에
곁 눈짓 보내는 여인아

상앗빛 목련이 떨어지면
그리움도 따라 소롯이 떨어질까
마음 졸이는 여인아

그 향기 가슴 붙들어 맨 채
불그러진 달빛 속의 여인아

속마음 감춰 두고 어쩌지 못해
불면에 떨고 있는 여인아

깊이 없는 말들을 퍼 날라도
말줄임표로 서서
저만의 삶을 가꿔 가는 여인아.

배종숙

출렁다리

상큼한 비에 씻겨 산맥엔 솔바람 흠
계곡과 계곡 사이 이어진 삶의 다리
오늘도 푸름에 젖어 삶의 더께 젖힌다

스치는 바람 숨결 돋우는 정의 선율
실타래 풀어내어 하나로 묶은 인연
가만히 마주보면서 불러보는 희망가

이 가슴 저 가슴에 휘도는 숨바꼭질
봄향기 돌고 돌아 난간에 기대서면
天命의 울림이런가 동아줄로 출렁출렁.

중년

한여름 소나기
시도 때도 없이
길 위에 널브러진다

흘러간 세월의 노래처럼
글로 표현하지 못해
눈물로 얼룩지며

기쁘면 슬픔처럼
슬프면 기쁨처럼

지나온 시간들을
자동차 앞바퀴 밑에 굴리며
거부하지 못해
추억 품고 잔뜩 웅크리며

처마끝 풍경에
속가슴을 매단 채.

배종숙

배롱나무

살그랑거리며 빛나는
아침 햇살 반짝반짝
계절의 변화에
홀로 가꿔온 몸

출퇴근 보듬어
잔잔한 미소 띄운다

뒷짐진 햇살이 함께 만든 그늘도
오늘따라 유난히 어여쁘다

투정도 심술도 뭉텅거리며
나뭇가지에 걸쳐 놓고
노을 물든 자리에
말없이 그리움 내려앉아도

진분홍 꽃숭어리는
아슴아슴 바람에 흔들거릴뿐.

가랑비

젖어드는 나뭇잎이
물들어 간다

설랑거리는 소리에
내려앉는 그리움의 눈물
꽃잎 주위를 맴돈다

열병 앓는 대지 위에
그대 마음 얹어
기웃기웃 흔적 남기고 간다

몇 장의 추억 남기려고
갈바람 한 가닥 엮어 서성이다
휘어진 길 따라 걸어간다

숱한 사연 접어 둔 채
손 내밀고 있는 호박꽃 등 위에서
가을 채비하는 척 괜스레 부산 떤다.

배종숙

작곡 SUNO_꿈속의 사랑_작사 서순임
시노래 뮤직 QR 감상하기

서순임

*방송통신대학교
*시인. 수필가
*문학박사/아태문화예술총연합회 수석부회장
*사단법인 동양문학 부회장
*사단법인 문학愛 자문위원
*파리에콜어워드에서 주최 표창장과문학대상수상
*윤동주 별문학대상수상
*종합문예지 문예세상 수필문학상수상
*시와창작문인협회 특별문학상수상
*국민행복여울문학 詩문학상수상
*세계문화예술연합회/詩문학 대상수상
*좋은문학창작예술인협회 작가상수상
*대한방송언론기자연회 문학대상수상
*제8회글로벌비니니스/Ceo퀸&킹선발대회 Ceo우정상과문학대상
수상
*시사연합신문창간13주년 기념식 문학대상수상
*노벨문학선정 올해의 문학대상 수상
*대한민국 문화예술 조직위원회/표창장과 문학대상수상

꿈속의 사랑

작사 서순임

보고 싶어도 볼 수 없고
가고파도 갈 수 없는
그리운 사람아

밤하늘에 떠도는
영혼의 별이 되어
밤하늘 외로이 허공을 밝히누나

내 영혼 너를 찾아
허공을 떠돌고
내 사무친 사랑의 매혹으로
잠 못 이루는 밤이라오
그리운 사람아

내 어깨에 날개가 있다면
훨훨 날아
당신 곁에 가까이 가
예쁜 사랑 심어놓고
온유한 사랑 따뜻하게
감싸 주련만

정녕 안타까움에
가슴만 타들어 가는구나
그리운 사람아
내 영혼의 사람아
너와 나의 꿈속의 사랑

아름다운 꿈속에서 서로 만나
예쁜 사랑 한 아름 심어놓고
행복의 나라로 나래를
펼쳐 보자구나

서순임

가을이여 안녕

차갑게 불어오는 밤바람과
차디찬 바닥에 뒹구는
낙엽들--

달빛마저 싸늘하고
호젓한 밤길에
붉은 단풍 낙엽되어
바람에 휩쓸리며
둥지를 틀어간다

옛 추억 그리워 살포시
그때 그사람
떠올려 보지만
행복했던 한 시절은
꿈이 되고 말았네

바람 따라 흐느끼는 단풍
갈잎 되어
맑은 개여울에 정처 없이
떠내려가고

어디선가 풍겨오는
국화꽃 향기에
가을은 저물어 간다

낙엽비 되어
우수수 떨어지는 단풍들
무서리 바람과 함께 떠나
가리라

가을이여-- 안녕!!

능소화의 밤

머언 발자취에
내 님이 오시려나

기와 담장 뒤꼍 아래
못내 부끄러워
얼굴 숨기고

수줍은 주황 빛갈
능소화

별빛 찬란한 밤이 되면
긴 여운으로

별빛 이슬 머금으며
임 기다리누나

사방은 달빛에 쌓여
풀 벌레 소리 애달픈데

큰 장독대에
그리움 한가득 채우고
임 기다린다네

서순임

만추의 계절

푸르름으로 울창했던 날들
멀리 떠나고

싸늘한 찬 서리에
힘없이 떨어져 뒹구는 낙엽

환희 스럽게 가슴 부풀어
벅차게 했던
싱그런 날들이 그립다

개천가에 갈대꽃들
하얗게 피어
서러움 토해내며
울부짖는 듯

가느다란 몸 흔들며
가는 세월
아쉬워 하네

가을빛의 유혹

물 들어가는
나뭇잎 틈새로 빛 고운
가을빛 햇살이
수줍은 듯
내 비추인다

청정 하늘엔 두둥실
솜사탕처럼 포근한
구름이
눈길을 끌며 유혹하네

여기저기서 울긋불긋
물들어
물감을 칠하는 계절
가슴 뛰게 한다

가을빛
물든 예쁜 숲속 길을
다정한 친구와
손 꼬옥 잡고

옛날 예기하며
다정히 함께 걷고 싶어라

서순임

작곡 SUNO_만추의 밤_작사 손영란
시노래 뮤직 QR 감상하기

손영란

*한맥문학 신인 문학상
*문학사랑 신문 올해의 작가상
*국민행복 여울 문학 최우수상
*윤동주 별 문학상
*남명문학 시화컬처상
*한국의 시 협회 문학상
*대한민국 예술 대상
*대전 문화원상
*대전투데이 [시의향기] 연재
*프랑스파리 시화전
*한실문예 탐스런 문학
*세계미술작가교류협회 이사
*한국예술대전 초대작가
*현대미협 초대 작가

만추의 밤

작사 손영란

바람 없는 밤
떨어진 나뭇잎이
나와 같이 지는 밤

무수히 떨어져 울다
이젠 내가 밟고 울 낙엽처럼

기다림에 손 짚고
목을 늘인 너를 잃는 밤

나의 안에 떨어져
바라보는 어설픈 상념 속

가슴 저린 그리움이
시리게 짓누르는 밤

손영란

여정

들꽃처럼 나약한 듯
갈대숲 기러기 울음인 듯

세월의 나이테는
곱지 못해도

노을에 마음 토닥이는
고혹의 이쁜 시를 쓰자

풀꽃

작아서 사랑스런
햇빛이 길러주는
야생의 순결

억겁 세월 앞에
밟히면서 기쁨으로
승화시킨 꽃

안으로 안으로
눈물 고여
더 아름다운 꽃

손영란

귀로

절망은 뒤에 두고
몸 낮춰 드러내는
낯선 영혼

또 다른
삶을 애착하며
어둠의 터널을 바꾼다

나는 어디쯤 와 있을까

해 질 녘
당신을 태워 버린
보랏빛 엷은 그 속에서

자꾸만 태어나고
죽어 가는
그림자의 미소

가만히 들여다보면
동공에 박히는
그 얼굴

나를 찾아
당신을 떠나는 길
추억은 저리 쌓이는데

손영란

작곡 SUNO_약속 작사 손은주
시노래 뮤직 QR 감상하기

손은주

2019년 전국여성문학대전 시부문 최우수
2020년 동서문학상 수상
2022년 《시와사람》 신인상
2022년 시집 『애인을 공짜로 버리는 법』
2022년 아르코문학나눔 우수도서 선정
2022년 제1회 《텃밭시학상》 수상
2023년 대한민국 환경문학대상 시부문 대상
2023년~2024년 한국문화예술위원회 주관 상주작가 선정

약속

작사 손은주

봄볕이 젖은 씨앗을 말려요
아가미가 없는 물의 숨으로
휘어진 물갈퀴 손에 거꾸로
매달린 중력을 참으며
빛의 파장을 그리고 있어요

당신에게 스며든 풀흰나비의 군무
뼛속까지 텅 비워야만 해요
언 땅 위 곁가지로 자란 꿈들
하얀 기지개로 돋아나요
보고 있나요

돛새치처럼 뻗어 오르는 새의 깃
나와 당신, 함께라서
눈물 속을 지나 날아갈 수 있는 우리
한 번의 턴이 중요하죠
캄캄한 밤은 돌아보지 마요

이제는 뜨거운 불의 고집이 필요할 때예요
지금이에요
물비늘 털고 움츠린 날갯죽지를 펴요
햇살 푸른 숨으로 날아올라요
거기, 그림자 위 견딤의 꽃, 위로
우리, 오늘부터 살포시 피어나는 거예요

손은주

비인칭 주어

도마 위 토막 난 쿠마토가 썩어간다
붉게 생긴 건 벗길수록 피로 물들어

스물아홉 덜 여문 너에게 스민다

셔터가 눌러지고 폴리스라인이 쳐지면
노란 선 밖으로 나가지 못하는 영혼

비밀이 많을수록 슬픔의 씨앗은 수습되지 않아
이름의 모서리를 깎아 먹는다

여섯 평 남짓한 원룸 위태롭게 걸려있는 몇 개의 액자
유서가 된 별이 종이에 반짝인다

밤마다 너는, 150개의 이력서를 들고 안드로메다까지
뛰었다 목 찔린 하루를 끼워 맞추려는 것뿐,

둥글게 말아 주고 싶다 원안에 보이는 너,
흔적 없이 죽음을 말리면 먼지의 무게가 될까

살점을 도려내고 반으로 쪼개져 난도질당하고 있다
흐물흐물한 씨앗을 뱉어본다

조간신문 끝 페이지에 깨알같이 적힌 사건 하나
스물아홉의 붉은 고독사

거울아 거울아 이 세상에서 누가 제일 예쁘니

안과 밖이 같다고 말해버린 건 실수야

같아 보인다는 거 그게 바로 너의 매력이지

90°보다는 크고 180°보다 작은 둔각으로 살고 싶어

빗나간 도형은 일곱 난쟁이의 곡괭이야

각도를 재어 보자 등에 콕콕 박힌 피지는

클렌징으로 말끔히 지워 새까만 머리

하얀 얼굴로 피어난 백설 살짝 입꼬리 올려 봐

마녀의 달콤한 사과 뻔한 이야기는 사양할게

어디서부터 중심을 잡아야 하는지 헷갈리지

좌우 비대칭 콤플렉스 그게 포인트야

문이 열리면 주문을 걸어 거울 속

양치기 소년 불러 줄래 마지막 남은 거짓말

거울아 거울아, 이 세상에서 제일 예쁜 사람은 나지!

손은주

홍역
- 하지 못한 말

봄, 비에게로 가는 버스 무작정 탔어

쌍계사 풍경 소리 흩날렸지
악보의 다 카포 되살아나 쿵쾅쿵쾅 천둥의 그 떨림

시간의 반대편으로 날아가
너와 나 만개한 벚꽃 십 리 입맞춤
봉긋한 젖가슴 밀고 서 있는 바람을 삼켰어

가슴 한 켠 구멍 난 하늘을 열어
새빨간 거짓말로 얼룩진 그날의 아련한 일기
햇발의 앞쪽으로 날려 보내도 될까

투명한 와인 잔 속까지 폭우 쏟던 날
너의 곁에 묶여 매듭 풀지 못하고

다시, 아득한 이별 노래 준비하지

나는 또 돌아오지 않는 섬진강
그 흐르던 버스에 올랐어

애인을 공짜로 버리는 법

발렌티노 가방 속에서 웃고 있는 당신

명품처럼 숨겨놓았다가 파파라치 컷에 들켜버린 날,
장면들이 우루루 쏟아져요

에스프레소 콘파냐를 나눠마셨죠
파우더 슈가 뿌린 달콤한 디저트에 타이트한 당신 한 방울 뿌려요

리알토 다리 위에서 속삭이던 물의 입술 기억하나요
베네치아 야경은 몽블랑 만년필에 담아 왔는데,

아슬아슬한 우리의 문장 끝나가요

기울어진 종탑에서 뛰어내리는 연습을 할까요
베네치아 날씨를 닮았군요 변덕쟁이 당신

어깨 너머 폭우가 어긋난 새벽 울음을 게워내요
앞일까요, 옆일까요, 반쯤 당신 그려놓고 스케치하다 잠들겠죠

내일은 불협화음 콘서트가 열린다죠
두 귀를 덮고 후렴구를 뱉어내겠죠

아무도 모르게 흩날리는 당신을, 책갈피로 덮을까요,
꽂아둘까요

손은주

작곡 SUNO_나를 찾아_작사 신경희
시노래 뮤직 QR 감상하기

신경희

*경력
숙명여자대학교 사학과 졸업 /중등교사 명퇴
*등단
시, 수필 등단 : 문학 고을
시조 등단 ; 강원시조시인협회
*문학활동
문학 고을 문단 회원(고문, 부회장)
강원문협 강원 시조 협회 회원
*저서 : 시세이-오메 어쩔까
　　　　공저 : 시세이 -오월에 피는 꽃
　　　　　　　문학 고을 시선집 1~15집
　　　　　　　강원문학 55-56집
　　　　　　　강원문단 4-5집
*수상
제8회 보령 해변 시인학교 전국 문학작품 공모전
제9회 항공 문학상 우수상(수필)
제61, 제62회 강원예술제 강원사랑 시화전 수상
제11회 부산 디카시인협회 디카시 경시대회 우수상
제3회 강원시조시인협회 디카 단시조 장원 외
제2회 문학 고을 청목 문학상
제8회 전국 여성 문학 대전 시부문 최우수상

나를 찾아

작사 신경희

알 수 없는 미로 반복되는 숨바꼭질
눈떠 맞는 아침마다 얼굴 덧씌우며
하루를 연다

둥실 떠오르는 달이고 싶고
초롱이 빛나는 별이고 만 싶은데
보이는 내가 싫어 숨어들다
나를 잃어버렸다

바삐 가는 세월 뒤로 내가 나를 숨겼으니
나 아닌 누가 나를 찾을 수 있을까

푸르고픈 열정
숨기라는 유혹에 흔들린 마음
어느 한숨 멎어야
긴 숨기 놀이 끝이 보일까

오늘도 숨바꼭질 얼굴 넘어
숨겨진 나를 찾아
뒷짐 진 손 내려 풀며
가슴 못 휘젓는다

신경희

엄마 봄

살그머니 다가와 어루만지니
깊숙이 팬 모래 자욱
뽀얀 살결 반짝이는 꽃길로 퍼지고

발버둥 치며 우는 파도 다독여 재우니
일렁임 잊은 바다
옷자락 살랑이며 이부자리 펼치는데

양 무리 쫓아가며 뒹굴던 태양
고된 하루 내려놓고
나부죽이 눕는 저녁

엄마는 하얀 등붙
하늘에 걸어두고
꽃 걸음 서둘러 바닷길로 가신다

하루살이

회색빛 사각의 벽 안에서 달팽이 되어
더듬이로 주파수 맞춰가며
스크린처럼 돌아가는 세상을 본다

바뀌는 신호 따라 몰려왔다 흩어지는 발길
오가는 자동차 바퀴에 밀리며
날아올랐다 주저앉기 반복하는 나뭇잎의
숨 가쁜 헐떡임
바람결 타지 못해 움츠리는 낙엽
느리게 반응하는 머리에 *사위어가는 가슴

공포 영화 주인공으로 지내는 하루가 아파
스크린 외면하려 눈 감으며
뻗었던 더듬이 도로 접고 다시 보기를 멈춘다

*애가 끓고 속이 타는 심정

신경희

봄 장날

길 따라 길게 놓인 생활용품
바다 빛 휘장 아래 깃발처럼 나부끼는 옷
무쇠 뚜껑 밑에서 증기 타고 올라오며
입맛 자극하는 선짓국 냄새

평일에는 휑하던 시장통 넓은 길이
볼거리로 들썩이며 먹거리가 발길 잡는데
비키라는 호통에 오랜만에 만난 이웃
*데바삐 스치며 웃음 인사로 갈음한다

큰길 비켜 돌아가는 샛길엔 듬성듬성 늘어앉아
손님맞이 하는 토박이 할머니
빛바랜 바구니에 이름 모를 밭작물이
시장 매대만큼 눈길 받지는 못해도
기른 정성 아는 손님 끊이지 않으니

봄 장날 큰 장터엔 북적이는 생명 움트고
샛길 할머니 주름진 손은
전통의 꽃으로 세월 이어 다시 핀다

*매우 급하게 : 순우리말

봄비 내린 날

바람 끝 차갑게 시새움 하던 겨울 보내려
밤새 속삭이며 살그머니 내리니

촉촉이 스민 물로 갈증 채운 가지
기지개 길게 켜며 갈색 옷 벗고
보드라운 연둣빛 몸단장하려는데

성질 급한 개나리
노란 부리 쫑긋대며 서둘러 나서고
덤불 사이 풀꽃도
고개 삐죽이며 해맞이 나온다

잔설마저 떠난 아침
봄 마중 바쁜 대지엔
서로 먼저 나서려는
꽃들의 아우성 퍼진다

신경희

 작곡 SUNO_비와 그리움_작사 신재화
시노래 뮤직 QR 감상하기

신재화

아태문화예술총연합회 기획국장
글로벌예술문학 최우수상 수상
세계인재문학대상 수상
서울특별시장상 수상
미주예총 문학 대상 수상
서울 비엔날레 문학 대상 수상
윤동주 별 문학상 수상
한국예총 문학상 수상

비와 그리움

                작사 신재화

비가 내리면
생각나는 그 사람
비에 젖어 걸어가는
슬픈 그대 뒷모습

사랑하자 약속했던
다정했던 내 사랑이여
지금은 어디 있나
보고 싶은 사람아

비가 내리면
생각나는 그 사람
외로움에 젖어 걸어가는
야윈 그대 뒷모습

행복하자 약속했던
달콤했던 내 사랑이여
지금은 어디 있나
그리운 사람아

비가 내리면
찻잔 속에 어리는
옛사랑이여
지금은 어디 있나

세월이 흘러도
보고파서 눈물지네
세월이 지나도
그리워서 눈물지네

신재화

단풍잎 연가

늦가을
곱게 물든 단풍잎이
한잎 두잎 떨어질 때마다

주홍빛으로 불타던 그리움도
한잎 두잎 비우기를 시작하는
인생의 가을입니다

단풍이 진들
세월이 흐른들
아쉽지 않습니다

내 가슴 깊이
그대 붉은 순정
아직 남아있기 때문입니다

꽃차

예쁜 꽃잎 따다
꽃내음 가득 담아
내 아는 이에게 보내고 싶다

사랑으로 곱게 빚은
따뜻한 꽃차 한 잔
내 아는 이에게 건네고 싶다

꽃들은 고운 향기
고운 빛깔을 쏟아내며
저마다 아름답게 피어나

꾸밈없이 순수하고
고운 눈망울을 반짝이는
소녀에게로 왔다

시들지 않는 꽃잎은
가까이서 봐도 예쁘고
멀리서 봐도 예쁜
꼭 그 소녀 같다

나를 사랑하고 싶을 때
그 소녀를 생각하며
꽃이 어우러지는
그 울림 고이 담아

꽃차 한 잔의 여유를 가져본다

신재화

가로등

밤이면 밤마다 가로등이
피곤한 나의 하루를
다독다독 다독여 주네

밤이면 밤마다 가로등이
지친 나의 하루를
토닥토닥 위로해 주네

끝없는 대지 위에
고요가 머문
어두운 미로 속을

디오게네스 등불처럼
투명하게 밝히는
너의 가슴이 뜨겁구나

꿈

꿈을 향해
부지런히
달리고 달렸더니
꿈이 가까이 오네요

꿈이 자라
좋은 열매를 맺으니
기다린 봄처럼
가슴이 설레이네요

꿈을 찾아가는 사람들
조금 일찍 찾고
조금 늦게 찾을 뿐
꿈에는 길이 있어요

신재화

작곡 SUNO_별하나_작사 유한아
시노래 뮤직 QR 감상하기

유한아

「약력」
- 초등특수교육과 학위취득
- 전문상담교사 취득
- 대구대 교육대학원 석사취득

「등단」
- 문학세계 시조부문 (2016)

「수상」
- 향촌문학 시조부문 대상
- 문학세계문학상 시조부문 수상
- 대한민국 중견시인 시선집 발간 및 문학상 대상
- 대한민국 환경문학 시조부문 대상
- 한민족통일문예대전 경남도회장상
- 전국여성 문학대전 시조부문 최우수
- 대한민국 문학대상 시조부문 최우수 등

「저서」
- 시조집-그림처럼 그려보는 조용한 삶의 항구
- 시조집-꿈꾸듯 변해가는 항구의 계절

「현재」
- 함안 유원초 특수교사
- 예천 문인 협회 회원

별하나

작사 유한아

새하얀 구름속에 가리어 숨어있는 별
밝아오는 햇빛뒤로 웃고있는 무지개
뜨거운 날씨속에도 틈틈이 부는 바람

사랑하는 마음은 그대로 남겨졌는데
그리워하는 마음은 여전히 두고있는데
온종일 울렁거림은 쏟아지듯 눈물바다

강가에 떠다니는 편안한 오리가족처럼
소박한 삶을 원했고 미래를 꿈꾸던 너
차가운 겨울 물결 소리없이 부서져가고
구름뒤 숨겨논 상처 뚫린 가슴 쑤셔온다

유한아

봄꽃 마주하기

침묵을 뚫어버린 흥얼흥얼 노랫소리
홍조빛 부끄러움 감춰버린 주름얼굴
상투적
대답으로만
떠나는 나만의 여행

세상은 처음부터 돌아가고 있었고
나 없이 안될 거라는 콧대 높은 자신감은
투우욱 떨어져 간 먼지 속으로 날려보냈다
스스로 버리지 못하는 미련만 남겨둔 채

허리까지 흔들리는 하늘하늘 유채꽃
바람은 물결 따라 아쉬운 작별 인사로
빗물은 눈물 따라서 떠나버린 기억으로

노란빛깔 외로움 화사하게 번져가고
상냥한 이름하나 울먹이듯 외치면
물안개
어두운 조명 아래
슬며시 고개 내민다

새학년

푹신한 이불 위로 머리를 눌러본다
틈틈이 식었다가 열내는 홍조 얼굴
온종일
두드리듯이
쪼아대는 머리두통

차가운 날씨만큼 눈물은 글썽여지고
떠나는 헤어짐에 추억은 새겨지며
미련은 누구에게나 흔적으로 남겨졌다

해마다 돌아오는 반복적인 시간으로
토닥토닥 위로와 깊어지는 아쉬움
또다른
새 설렘으로
맞이하는 새학년

잠시들 웃으면서 지나간 시간처럼
잠시들 스쳐가는 버스안 만남처럼
여전히 인생 종착역 버스는 출발한다

유한아

힐링 타임

샛별과 이야기하다
뒤척뒤척 이룬 잠
안개는 집안까지
먼저 와서 기다리고
가까운
파란 솔나무
까치 친구도 불러왔네

바삭한 튀긴 과자 우물우물 씹어대고
떠나는 여행만으로 웃음 가득 행복 시작
기대감 음식 준비로 설렘과 흥분 한가득

새벽길 달려가는
뻥 뚫린 지방도로
약간은 싸늘하고
약간은 두려운 듯
조용히
귀를 기울여
낯선 시골을 달려본다

마음의 꽃

산들바람 좋아하고 햇빛에 웃음 짓던
순박하고 외로운 어여쁜 꽃 한송이

짜증은 끝이 없고 순간은 찰나였던
살아가는 속세에 무수히 당하면서

영원한 한세상과 작별 인사 보내며
붉어진 내 심장위에 날아와 앉아있네

깊숙이 눌러버린 커다란 모자 속에
스스로 감춰버린 운명의 수레바퀴

날아오는 화살 옆에 원망 섞인 두려움
쏟아지는 빗방울 흐느끼는 눈물방울

남몰래 속삭였던 어여쁜 꽃 한송이
붉어진 내 심장 위에 날아와 앉아있네

유한아

작곡 SUNO_아름다운 사람_작사 윤정화
시노래 뮤직 QR 감상하기

윤정화

신라대학원 뉴미디어음악학과 석사
한국 아리랑문학회 영화예술전문위원
아태문화예술총연합회 부산광역시 지회장
Peer.na 뷰티뮤직힐링테라피스트
(작사 · 작곡가 -바이올린독주곡
디온리웨이 /쓰리랑 울릉도/렛잇비 걸)

글로벌 허브실내오케스트라창단준비위원회 위원장
독도 사랑문학회 예술문화정책홍보 전문위원
신정문학수필 등단 작가
한국의 시문학협회원
부산문학협회 신인문학상

아름다운 사람

작사 윤정화

태양이 눈부시게 비추던 어느 날
그대의 어깨가 너무 힘들어 보여
슬픈 얼굴 웃게 만들어 주고파
거리를 나서게 되었죠

어떤 색 옷을 입고 그대를 만날까
오렌지 립밤 향기 좋아하나요
함께 좋은 시간 보낼 수 있도록
그대여 내 손 잡아요

솔바람 부는 언덕을 떠올려요
싱그런 풀냄새 꽃향기 맡아보세요
깜깜한 밤하늘의 별빛을 타고
음악처럼 그림 그리고 춤을 춰봐요

뷰티 화장하고 예술로 힐링하고
그대에게 어울리는 패션 감각을 살려 줄게요
존재 자체만으로 아름다운 그대여
사랑해요
내 손 꼭 잡아요

윤정화

철없는 사랑

난 당신을 만나 아름다운 사랑을
느꼈죠
흘러가는 강물위로 떠다니는
나뭇잎사귀처럼
난 그대의 맘속에 오랜 시간
영원히 남기를 바랬죠

지난 시간을 되돌린다면
예전의 모습으로 돌아 갈래요
이젠 알겠어요
정말 알았어요
당신이 왜 그렇게 힘들고 슬퍼하는지
그냥 보낼래요

그댈 떠날래요
우리는 순진하게 철없는 사랑을
시작했던 거예요

파란 물

파랗게 물든 수채화 물감이련가
투명한 눈물이련가

기분이 좋을 땐
콸콸콸콸 옥빛 청정수

휘파람 불게 만들고
흥에 겨워 실룩거리지

배꼽시계 꼬르륵 꼬르륵
찬물샘처럼 달콤하니

배고픔 덜어주고
갈증을 해소하는 사랑

온수로 근육 풀어주고
냉수로 마찰시키듯이

깨끗하게 씻어주는 정화수도
성질나면 싹 오염시키리라

윤정화

불꽃

깜깜한 밤바다
수놓은 빛깔

파바방팡 파바방팡
쏟아지는 별

사랑하는 사람들
모두 모이기 좋은 해변가

하나둘씩 소원 들고
쏘아올린 폭죽 속에

저물어 가는 한 해
아쉬운 만감을 교차하리

춤추는 불빛 따라
만방의 곡들이 아름다운
은백색 물결처럼

시민들과 어우러지는 장관
한마당 축제꽃을 피우리라

불멸곡

들을 수 있음에 감사함이여
임종을 코앞에 두고서
피아노 선율을 느낀다

시대적 암울기에
건반 떼지 않는 손가락
나비 되어 춤춘다

사랑하는 동안 아름다운 곡
줄지어 탄생 시키듯이

세상 어드메뇨 쟁탈전중에도
잠시동안일지라
화해꽃을 피우듯이

그대라 가능한 음악의 시인
명곡에 취하고 반한 향기
그리운 만인을 부르리

윤정화

 작곡 SUNO_파도_작사 이명순
시노래 뮤직 QR 감상하기

이명순

담양 출생
아태문화예술총연합회 문학이사
아태문화예술총연합회 호남지회 회원
2021 문학공간 신인문학상
2021 시집 [또 하나의 나] 출간
2021 커피문학상 금상
2021 부산문화글판 가작
2021 대덕 백일장 장려상
2023 윤동주 별 문학상
2024 한국예총 문학상
2024 글로벌 명인대상
2024 한국.프랑스 올림픽 초대전시 시화작가및 문학상 수상
2024 유관순 문학상
2024 한국쿠바수교기념 초대전 시화전시작가및 문학상 수상

파도

작사 이명순

심장 파고드는 파도 소리
출렁출렁 부딪치는 물결마다

그리운 여름 이야기 꺼내놓아
주거니 받거니
살아온 삶 엮어내듯

한 잔 술에 우정을 담고
밤을 벗어나지 못한 갈매기 울음소리

애달픈 사랑가로 파도 소리 잠재우고
시원하게 울려 퍼지는 사랑가 가락에
갈매기도 흥이 나서
너울너울 뱃머리 감돌아온다

이명순

시골 버스 정류장

어릴 적 십수 리 언덕을 넘고 논두렁 건너
신작로 닿아 멀리 먼지구름 날리며 달리는
버스 보며 손 흔들던 메타세쿼이어 나무 아래

청운 시절 익숙한 삶과 타향의 두려움에
버스비도 아까워 수십 리 걸어 다니며
묵묵한 가슴 한편 바라만 보던 그 자리

지금은 낯선 사람들이 소소한 이야기 건네다가
오랜 친구처럼 이야기를 펼쳐놓아 주거니 받거니
그러다 버스가 도착하면 나 먼저 가요
만남과 서럽지 않은 이별이 있는 곳

어머니 꽃

서러움 풀어주던 장독대
여름마다 피는 넋 같은 꽃
말 못 한 가슴속 쌓여 부푼 응어리
툭 터진 씨주머니처럼
하소연 풀어놓고
긴 한숨 소리
가슴 다독인다

손톱 꽃물 든 어린 자식들
고운 얼굴에
방긋이 웃어주던 봉선화
여름이면 지금도
그날인 듯 곱게 피어난다

이명순

홍시

햇살 머금은 봉오리 너울거린다
까치밥 생각 새벽 동창 밝아지고
하루를 기다리는 감 사러 온 장사꾼
익살 나풀거린다
활처럼 굽은 허리
장대질도 못 하고 입맛만 삼킨다
어린 손주 매달린 눈
푸른 하늘 사이로 일렁일렁
붉은 감잎만 떨어진다

상사화

눈 덮인 땅속 용솟음치는 그리움
삭풍 몰아쳐도 당당히 지켜낸 녹색의 소중함
꿈 한 줌 깊숙이 묻어둔 가슴 자락

허리 꺾인 70여 년 등의 상흔 매듭 맺지 못해
피멍 든 울부짖음 이제라도 한자리 모여
서로의 마음 털어놓고 대화로 풀어보자

빛바랜 자리마다 쌓여가는 날들 위로
훗날의 환희를 기다리는 뜨거운 설렘
햇살 부시는 날 여윈 잎 그리워 움켜쥔 맘

생사조차 가름 못한 마음 가슴속 메어진다
언제 한 번 만나보리 내 부모형제 벗들을
기다림 지치고 보고픔 멍들어도 꼭 만나야 할 인연

불꽃으로 튀어 오른 꽃대궁 열정의 저 붉은 입술
단풍보다 앞선 봉오리 소리 없는 폭죽으로
가슴 열어 피 토하듯 이 땅에 노을빛 물든다

구름과 바람 새들만 넘나드는 저 휴전선 철책
편지 한 장 전하지 못한 단절만 흐른다
그래도 기다려야 할 가족 저 선 넘어 심장 뛰는 소리

이명순

작곡 SUNO_너라서 참 행복해_작사 이명자
시노래 뮤직 QR 감상하기

영광 이명자

*한맥문학 신인 문학상
*문학사랑 신문 올해의 작가상
*국민행복 여울 문학 최우수상
*윤동주 별 문학상
*남명문학 시화컬쳐상
*한국의 시문학협회 문학상
*대한민국 예술 대상
*대전 문화원상
*대전투데이 [시의 향기] 연재
*프랑스파리 시화전
*한실문예 탐스런 문학
*세계미술작가교류협회 이사
*한국예술대전 초대작가
*현대미협 초대 작가
*아태문화예술총연합회 봉사국장
*서울재가 복지센터 센터장

너라서 참 행복해

작사 이명자

들녘에 흐드러지게 핀
하얀 구절초여

바람 따라 그 향기가
내 온몸 흔들어 깨운다

항상 웃는 너 생각나게 하고
어머니 사랑 안에
따뜻하고 온화한 미소로 사랑주니

그런 예쁜 네가 세상에 태어나주고
우주 안에 우리 가족 되어
잘 살아주니 참 좋아라
너라서 참 행복하다

이명자

내 꽃

봄이면 명자꽃이
흐드러지게 핀다

열정으로 가득찬
꽃망울 보기도 가깝다

흰 천 빨갛게 수놓아
한 장 한 장 나누면

내 마음에 무쇠도
다 녹을 텐데…

희망 날갯짓

아침에 눈을 떴어요
세수를 하고
쌀을 씻고
밥을 했어요
나의 기적 같은 하루가
시작되나봐요
설레고 기대되는
오늘
이 아침 신비롭고
위대하게 시작되네요
지금 살아 숨 쉬고 있음이 너무너무
감사해요

아프면 보통 일상을 못합니다
지금 나는 오감을 느끼며 살아가고
있으니 얼마나 감사한 일입니까
더 잘 살기를 바라고
더 부자 되기를 바라고
더 행복하기를 바란다는것
욕심입니다...

몸과 마음 힘들어
누군가에게
위로받고 싶을 때 대신 아파해줄
사람은 없습니다
오직 주님만 내게 있을 뿐입니다
믿음은 희망의 날개를 달아줍니다.

이명자

추억

그대 생각하면
빗방울 소리에도
심장이 뛴다

주막에 찌그러진
주전자
나의
삶을 대신해 주지만

그대와 함께한
추억을 생각하면
오늘도 입가에
미소가 멈추질
않는다.

이사

이사하는 날 비가내린다
엘리베이터를 점검한다

왜! "하필 이때"

가 아닌 나의
안전에 대한 점검이니
이 또한 대박 예감이다

빗방울 소리는
그대를 응원하는
함성이며
빗방울 수는
그대에게 보내는
용기의 박수임을
나는 느낀다
긍정마인드가
세상을 바꾼다
그게 바로 우리다.

이명자

작곡 SUNO_연민_작사 이애순
시노래 뮤직 QR 감상하기

이애순

*광주광역시 출생
*월간 [한맥문학] 신인문학상 수상
*삼행시 문학상 대상 수상
*윤동주 별 문학상 수상
*8.15 광복 문학상 수상
*전시작가 문학상 수상
*한국 쿠바수교기념 초대전 전시작가
*한국 쿠바수교기념 문학상 수상
*한.불 문학상 수상
*산해정 치유문학상 수상
*한실문예창작 회원
*탐스런 문학회 회장
*아태문화예술총연합회 한국의 시문학협회 문학이사 호남지회 회원

연민

               작사 이애순

임 닮은 심정
어느 골짜기서 잠들었을까

허공의 얼룩 같은
구름 속 봄비가 깨우며 간다

임 찾는 애끓은 숨소리 보듬고
눈 안 가득 글썽인다
촛불 되어 부르는 사랑아

한결같은 그 마음
꼬리 긴 물의 생각들이
빗속 스치며 울어댄다

부디 돌아오라
부디

이애순

보고 싶다

먹구름 흘러와 가슴에
는개 내리는 초겨울
오후
만남은 설렘 안고
싹터 오른 사랑과
함께 걸어간다

줄곧 그림자 되어
이별이 아기자기 두
마음속 성큼성큼 눈여겨보며
들쑤셔 본다

고운 정 겹겹 쌓여진
추억의 시간들
하얀 덧니처럼 드러낸다

임시였을까
그 후로 오랫동안 침묵은
저 울창한 숲
널브러진 낙엽 진 곳에
눈보라 내려앉는다

이별

아득한 공중의 말씀
전달한다는
하늘빛이 사랑스럽다
노을 속구름 벗 삼는
또 다른 생각이
홍시 되어 간다

울렁거린 가슴에
까만 밤 가슴에
까만 밤 찾아들어
별빛 달빛 세상

삼백육십오일 쉼 없이
동그라미 한 바퀴

지금 여기에
날 보듬으며
아픔과 상처와
그날이 맞물린
나이테 한 줄 인연 맺고
없는 듯이 떠나간다

이애순

보고 싶다·2

먹구름 흘러와 가슴에
는개 내리는 초겨울 오후
그리움이 제 영역 넓이는
만남은 설렘 안고
싹터 오른 사랑과
함께 걸어간다

줄곧 그림자 되어
이별이 아기자기 두 마음속
성큼성큼 눈여겨보며
들쑤셔 본다

고운 정 겹겹 쌓여진
추억의 시간들
하얀 덧니처럼 드러낸다

암시였을까
그 후로 오랫동안
침묵은 상실과 기다림의
묵시록 써 내려가고
저 울창한 숲 널브러진 낙엽진 곳에
눈보라 내려앉는다

상념 속에서

산과 들에는 존댓말과 반말이 없어
독특한 색깔의 언어들
슬그머니 뒷짐 지며
침묵 안고 떠나려는 길목 언저리

한나절 차창에 기댄 낯선
바람 한 줄기
외로운 사연 보듬고
가을 풀섶에 내려앉는다

10월의 노래인가
풀벌레 울음인가
시어 읊조리는 사색의 가을밤
푸른빛 구름에 숨어드는 생각들
빼꼼히 내민 달 건드리고

날마다 밤과 고요를 풀어놓는
하늘 우러르며 폭삭 늙어가는
작은 신음 속으로
하루가 숨어드는
이 대지 위에 평화가 내린다

이애순

 작곡 SUNO_사색의 핀 노란 잎_작사 이유연
시노래 뮤직 QR 감상하기

이유연

이유연 Lee yu youn
미술학 박사/겸임교수
미국 알칸스주 빌크린트 (초대전)
미국 독립기념순회/트럼프 대통령 라스베가스 (백갤러리)초대전
브라질 월드컵 기념초대전.
이탈리아 130주 기념초대전. 스웨덴 특별초대전.
프랑스루브르 박물관 초대전.
찰스피세 영국 국왕즉위 기념초대전
프랑스 작가평론상/LA비엔날레 초대전 (Gaia gattry)
노스웨스트시마르 국립대학 미술교과서
공동저자
AL 시화 초대 (갤러리)
노벨문학상 후보 추천 작품상 대상 수상
시 시조.동시 등 대상/미술.문학 외)30회이상 심사위원
한석봉 문학상 수상
헤밍웨이 문학상 수상
윤동주 별문학상 수상
황금펜 문학상수상
아태문화예술총연합회 회장
한국의 시문학협회 대표

사색의 핀 노란 잎

작사 이유연

가을 햇살 틈새의 싱그러운 잎
빙그레 미소로 여는

단풍잎 팔랑팔랑 떨어지는
노란 은행 이파리

지나가는 천년의 산책길 걸으면
빛이 울려 퍼지는
모퉁이에 서성인다

우리 사랑 찬비에 촉촉이 젖은 거친 숨소리
사색의 바람으로 심혈을 다해

별을 닮은 노란 은행잎
새끼손가락에 걸어 그대 생각 넣어

구름 위에 새겨 둔 사랑
사색에 취해 우리 사랑
진한 향 내음 울려 퍼지는 들뜬 천태산

그대 가슴에 영원히 지지 않는
한 송이 사랑으로 꽃이 될래요

이유연

소박한 마음

저 넓은 구름과 바람이 스치는 날
별이 되신 훌륭한 당신입니다

푸른 소나무처럼 부드러움과
곧은 강단으로 걸어온 당신의 모습을
영원히 기억합니다

긴긴 모진 찬 바람에 스쳐 오듯이...
자식들은 품 밖의 세상을 알아갈 때쯤
당신은 늘 소중한 마음 가슴에
머물고 곁에 있습니다

우리들의 온 마음을 담아
이곳 가파른 작은 숲속 머문 영혼에
정성 모아 남깁니다

아버지
하늘같이 사랑합니다

보랏빛 사랑

어느 날 문득 비 그친 무지갯빛 하늘
그대와 머물러 온 사랑
곱게 그려가는 그대 체온

내게로 꽃잎처럼 단 하나뿐인 아리따운 사랑
보랏빛 아름다움이
짜릿하게 피어오르는

그대 생각에
멍하니 가슴에 스치는 바람 터뜨리며
그대 음성 밤새 울려 퍼지는 긴 밤
또렷하게 들리는 듯~

애틋한 온기로 따스하게
보랏빛 엽서에 라일락 색색으로 접어 두고 싶다

그대 가슴에 머물던
고운 사랑입니다

이유연

가을이 오면 그대 품으로

내 작은 빛으로
물 들어가는 노을빛
창가에 동그랗게 앉아
가을 숲에 숨 쉬고 싶다

별을 닮은 붉은 단풍잎
누덕누덕 찢어진 낙엽
한 장 주워 가슴에 품는다

그 향기 머금은 잎마다
예쁜 사랑
구름처럼 흘러가는
하늘 바라보며

가을 사색 서툰 억새풀
흔드는 흐릿한 별 밤
목이 더 길어진 먼빛

검은 밤 어둠 씻으며
숨어버린 흙길에
아리따운 사랑
품고 싶다

초록 향기 품으며

솔잎 입김 뽀송뽀송
피어나는 아지랑이
서러운 혈액 품으며

짙푸른 초록의 하늘빛 날으며
쌩긋쌩긋 귀여운 다람쥐
절벽에 숨을 쉰다

모래알 풀잎
이슬 머금은 나뭇가지
붉은 입술 맞대며
긴 하늘 별처럼 움직여

동트는 새벽하늘
보리 새싹 움트는
청아한 흙냄새

들풀 위에 꽃바람 머문
소박한 꿈 부르는 보랏빛 향기로
더듬고 지나간다

이유연

 작곡 SUNO_하얀 꽃으로_작사 이호선
시노래 뮤직 QR 감상하기

이호선

한맥문학 시인 신인상 수상
도전한국인 본부주최 도전한국인상 수상
윤동주별문학상 수상
100인시선집 동인지 수록
경주 김유신장군 흥무공원 58인시화 작가
자연사랑시화전 우수상 수상
용인농촌테마파크 시화전 전시작가
문학상 수상
파리올림픽 주최기념 전시작가
문학상 수상
한국쿠바수교기념 초대전 전시작가 문학상 수상
아태문화예술총연합회 문학이사
한국의 시문학협회 이사

하얀 꽃으로

작사 이호선

노고단 하얀꽃 머문
뽀송뽀송한 솜사탕의 길
굽이굽이 비틀거리며
당신의 향하는 바람 소리
별의 심장 두드리며
외로움 빌려본다

벨 소리 그리움 뒤집어
가파르게 오르며
밤새 내린 눈
성찰의 시간과 흔적
떨림의 웅크린 숨소리
달에 기대어 서먹한 밤

그녀가 다녀간 빈자리
뽀드득 하얀 발걸음
헐벗은 울음 울컥거리며

차가운 집념의 별 하나
저쯤 멀어져 숨어 우는
초승달에 품는다

이호선

바위틈

저 멀리 홀로 서 있는
외로운 바위틈 풀잎
아침 이슬에 마주
보는 수줍은 눈빛

싱그러움 터질 듯
꽃망울 누구를 기다릴까

바람과 흔적 뒤틀림
고통 동여매고
달빛에 흥건히 적신 눈물
붉은 입술로 뒤덮인다

태양처럼 밀려온 외로움
산등선에 앉아
노을진 황톳길을 바라본다

바위틈 풀잎 머물러
멍든 흔적 번뇌에 머문다

옛 동무

태양빛 온종일 땀방울
시원하게 식히기 위해
이슬로 또르르 등목하고

늦은 밤 잠들지 못해
멍석 깔고 몽당연필 꺼내
하늘의 별 그려보며

어깨동무 껑충껑충 뜀뛰어 놀때
소낙비 내리던 어느 날
고사리손 맞잡고
반짝이던 별님들
어디에 숨었는가

오손도손 깔깔거리며
동산에 매미 잡아주던
옛 그리움 친구 생각에
잠 못 이루는 캄캄한 별 밤

그 추억의 시간은
노란 개나리꽃 필 때쯤
다시 올 수 있으련지...

이호선

어느 날 밤에

푸르른 길섶 계곡 물빛
내 안에 품은
작은 파랑새 지지배배
지저귀는 노랫소리

바람에 머뭇거린 날갯짓
애처로움님 그리워
외로움으로 목메어

샘물 한 방울 입술에 적셔
떨리는 가슴 머금으며
서른 사랑 당신의 음성

멀어져 가는 그 순간
나뭇잎에 비친 온화한
그대 그림자

하늘 별빛처럼 그 사랑
가슴속 살포시
프리지어 꽃처럼 채우고 싶다

새봄

그리움 스며드는 새봄
노오란 개나리꽃
석양 노을 헤집고

낯선 길 파르르 떨며
연둣빛 새싹 그대 생각
채운 먹먹한 고갯길

붉고 노란 파랑 색색 걸친
아기 꽃망울 가냘픈 줄기에
매달려 한들한들 바람에 안겨

한 조각 구름처럼 멀어져
숨죽이며 상처를 싸매어
끈질긴 생명력 안은 채

긴 비바람 뚫고 지나온 아련함
숨소리 쨍글쨍글 맺힌다

뿌리까지 향기로운 봄
벚꽃 휘날리는 나뭇가지 고운 미소로
노을빛 햇순에 길을 묻는다

이호선

작곡 SUNO_숲속 음악실_작사 장순익
시노래 뮤직 QR 감상하기

장순익

*아태문화예술총연합회 문학이사
*청안 문인협회 문학이사/ 한실 문학회 정회원
*아프리카 문학 토크방송 꽃스런 문학회 정회원
*문학공간 시 등단 신인상 수상
*청안문학회 시조 등단 신인상 수상
*제10회 대한민국 독도 문예대전 출품
*제4회 대한민국 경제 문학 공헌 대상 수상
*오은 문학상 수상/ 오은 작가상 수상
*무궁화 문학상 대상 수상/ 광복절 문학 대상 수상
*한국 인재 문학상 최우수상 수상
*국제 웰빙 문학상 대상 수상
*2022년 미주예총 초대 전시작가 문학상 대상 수상
*2022년 남가주 문인협회 초대 전시작가 문학상 대상 수상
*2022년 서울 비엔날레 갤러리 초대 전시작가 문학상 대상 수상
*제4회 윤동주 별 문학상 수상
*2022년 프랑스 초대 전시작가 문학상 대상 수상
*2023년 네팔 알래스카 초대 전시작가 문학상 대상 수상
*국회의사당 초대 전시 류관순 문학상 대상 수상
*경주 김유신 장군 공원 초대 2년 전시 작가 (현)전시중
*제4회 용인 농촌 테마파크 시화전 1년 전시 작가 (현)전시중
*프랑스 2024년 올림픽 개최 기념 초대전시작가 (현)전시중 등등 다수 수상
*한국.쿠바수교기념 전시작가 및 문학상 수상

숲속 음악실

작사 장순익

빗방울이 창문 두드리니
어둑한 찬 기운이 익숙하게
흰옷 입은 유리창을 비춘다

돋보기안경 속에는
무언가 갈망하듯
반짝이는 미소 빛 발하고

피아노 흑백 건반 두드린다
가로젓는 고개 지그시 눈 감고
미간의 잔주름 치켜올린다

굳은 표정 번개처럼
열 손가락 튕겨 나갈 때
내 귀는 음률 타고 흐른다

넋 나간 숲속은 곡절도 모른 채
절로 손뼉 치며 흥얼거린다

흰 구름 먹구름 사이에
천둥 번개 치듯
마침내 운명이란 명곡이 만들어진다

장순익

어머니의 맷돌짝

양지바른 뒤뜰
정 맞은 돌
아래위 정답다

백합 핀 꽃잎 사이로
함지박에 누워 잠자던
배부른 누렁 콩

까만 밤 호롱불 밑에
너와 내가 두 손 맞잡고 박자를 탔지

배고픈 맷돌 입에
한 술 넣어 주면
주린 배 고마워 흘러내리던 하얀 눈물

큰 솥이 따뜻이 맞아
불쑥 불쑥 손 내밀어
소리 질러 댓지

서리

어린 시절 추억이 달콤한 향 찾아
벌건 벌건 대낮에 정찰 나간다

느낌 꽂힌 곳에 곁눈질
지형지물 숙지하여
땅거미 찾아 들길 기다린다

해넘이 어스름 책보는 도서관에 담보 잡히고
두 근 반 세 근 반 심장 추스린다

눈빛은 빛나고
비장한 각오로 산길 따라
매복지 도착하여 슬쩍 훔쳐

승리의 깃발 꽂고
격한 찬사 나누면서
새큼 달콤 한 입 베어 물면

그 맛
모르리 모르리
아무도 모르리

장순익

한 잔

너의 이슬잔
작은 입술로 끝잎에 녹인 겨울아

너의 속눈썹
맑은 호수
달빛 속에 묻고

긴 여운 남겨 놓고
님 기다리다 스쳐간다 한강물아

누가 또 이슬꽃 되어
한삼 자락 소매 끝에
마음 매다느냐

세상아
울어라
삼켜라

대한의 땅 논두렁
탁배기 한 잔 너만은 잊지 말거라

반성의 시간

우리 가끔은 한 번씩
하늘을 올려다보자
친구야
너와 나의 마음도
높고 푸르고 맑고 밝았는지

우리 가끔은 한 번씩
바다를 두 팔 벌려 품어 품어 보자
친구야
너와 나의 마음도
넓은 수평선 저 너머까지
닿을 수 있었는지

우리 가끔은 한 번씩
산을 힘차게 올라가 보자
친구야
너와 나의 마음도
이 능선 저 고지 계곡까지
사랑할 수 있었는지

장순익

작곡 SUNO_내 마음 깊은 곳에_작사 정규영
시노래 뮤직 QR 감상하기

정규영

- 공학박사 / 사회복지학박사
- ISO/IEC27001 선임심사원/ISE산업보안관리사/
- 유원대학교 문화복지융합학과 교수
- 시인/수필가/평론가

[상훈 현황]
- 국민훈장 수훈
- 환경부장관 표창
- 문예사조 본상
- 언론인연합회 올해의 인물 2017년 "한국인물대상" 수상
- 연합경제TV주관 제8회 '2023 대한민국 자랑스러운 베스트대상 수상

[활동 현황]
[현] 대통령 직속 국민통합위원회 대전협의회 회장
[현] 국무총리 직속 원전안전위원회 대전협의회 자문위원
[현] 한국문인협회 유성지부회장_유성문학회장
[현] 통일을실천하는사람들 대전공동상임대표

[경력]
- 한국전자통신연구원 1984년~2023년(38년) 정년퇴임
- 헌법기관 민주평통 대전시지역 간사 및 유성구 간사 역임(10년)
- 대통령직속 사회통합위원회 위원
- 통일부 통일교육위원 / 금강일보 칼럼리스트

내 마음 깊은 곳에

작사 정규영

세월의 이끼가 낀 도랑가 담벼락에
봄소식을 알리는 버들강아지
부끄러워 가린 얼굴 누구 얼굴 어리고

여드름 송골송골 뽀얀 얼굴에 티
가슴 속에 몽글몽글 피어나는 설렘
빨갛게 익던 산수유 누구 볼이던가

천년 늙은 저 소나무 아직도 푸르고
동글동글 솔방울은 헤아릴 수 없는 미련
아직도 내 마음 깊은 곳에 그 만큼이네

〈시작 노트〉
[내 마음 깊은 곳에]는 오랜 세월을 살아오면서 이런 저런 일들이 많고 많지만 가슴 속에서 버려지지 않는 미련들을 쏟아 내버리지 못하는 것을 안타까워한다. 원망과 미련을 버려야 하리라.

정규영

님 소식

바다가 고향인 갈매기
바람 불어 좋은 날 임 오려나

물었다 임 소식 배들에게
배들도 모른다고 바삐 가고

알길 없는 임 소식 석양 노을
끼룩 끼룩 갈매가 날 달랜다

〈시작 노트〉
[갈매기]는 바다가에 사는 연인이 사랑하는 임을 기다리는 애틋한 마음을 그리고 있다. 소식을 알길 없어 오가는 배들에게도 물어보지만 임의 소식은 알길이 없다. 물들어가는 석양노을에 갈매기 울음으로 더욱 슬프게 임을 기다린다.

돋나물

그 추운 겨울날들
어찌 견뎌냈을까

파릇파릇 생명이
희망 노래 부른다

연초록 속마음
어찌도 저리 고울까

하염없이 바라보다
그만 그 속으로 빠져 버렸다

〈시작 노트〉
[돋나물]은 겨우내 꽁꽁 얼어붙었을 것만 같았는 데 봄기운에 연초록의 잎새들이 살그머니 고개를 내밀 때면, 어디서 이토록 생명이 살아 숨쉬고 있다가 희망의 연초록으로 태어나는 신비의 세계가 무엇인지, 어디인지 알고 싶지만 끝내 1갑자가 넘도록 그 신비를 알지 못하고 있다.

정규영

서귀포인 기상일세

남쪽에 계곡 많다 무서워마라
어머니 마음처럼 경사 완만하다

동쪽으로 바다까지 높은 곳 편안하고
서쪽으로 계곡인데 평지로 편안하다

바다로 가는 길에 생명을 보태려고
서귀포 깊은 곳 역사 품고 바다 간다

정방.천지.천제연폭포수 하늘과 땅을 만나
우루루꽝 힘찬 소리 서귀포인 기상일세

〈시작 노트〉
[서귀포인 기상일세]를 통해 서귀포를 읊조리며 하늘과 땅을 만나 질러내는 우렁찬 기상은 우리 대한민국 국민이 가져야할 기상을 말하고자 함이다.

가을들꽃이어라

원하지 않아도 땅거미 칠흙
힘들어 흔들리는 발걸음에
슬퍼 흘리는 그 눈물도 잊어라
방긋방긋 반기는 가을들꽃이어라

언제나 찾아오면 반기는 모습
벌에게도 고추잠자리에게도
스쳐가는 바람에게도 짓는 미소
지난날의 사랑노래 가을들꽃이어라

가벼운 발걸음도 처진 발걸음도
스치는 인연에도 찾아온 인연에도
비바람도 외로운 갈대 바람에도 미소
살랑살랑 방긋 웃는 가을들꽃이어라

〈시작 노트〉
[가을들꽃이어라]은 끝없이 내어주는 삶을 사는 들꽃을 통해 우리의 희생과 봉사의 삶을 말하고자 하고 있다. 삶에 수많은 인연들에게 끝없이 내어주기만 하는 사랑에 감사하는 마음으로 가을들꽃을 읊조리고 있다

정규영

 작곡 SUNO_가지고 싶다네_작사 정희순
시노래 뮤직 QR 감상하기

정희순

수필가*시인* 아동문학가
계간문예 작가회 이사 (현)
꽃씨문학회원(현)
문학과 비평 회원(현)
사)한국산림 경기도협의회도 자문위원(현)
사)한국편지가족 경인지회 감사(현)
사)도전월드봉사회 회원(현)
아태문화예술 총연합회 수석부회장(현)

제9회 문예시대문학상 대상수상
2023 도전한국인상 수상
2023 "헤밍웨이 문학상" 수상 (국회 회관 내)
2023 도전 월드봉사대상

수필집 "서른아홉 살의 행복" 외 22권

가지고 싶다네

작사 정희순

사람만이 가진게 있지요
그것은 마음입니다

사람만이 가진게 있지요
그것은 사랑입니다

나를 향한 그 마음
나를 향한 그 사랑

가지고 싶다네
나에게만 줄 수 있는 마음을

가지고 싶다네
나에게만 줄 수 있는 사랑을
맨 밑에 줄 사랑을

정희순

해마다 봄이 되면

해마다 봄이 되면 아버님 말씀
봄에는 부지런해라
농사란 때가 있는 법
때에 심지 않으면 소출이 적다

게으름 피면 겨울이 춥다
계명처럼 채근하던 아버님 말씀
봄에는 부지런해라

해마다 봄이 되면 아버님 말씀
젊어서 부지런해라
광에서 인심난다 곡간을 채워라
노후를 준비해라 저축은 힘이다
준비하는 자 나중에 웃는다

귀 딱지 앉을 정도로
반복하신 말씀
젊어서 부지런해라

시대적 오류

나는 개미라네 일 잘하는 개미라네
허리띠 졸라매고 안 먹고 모으기만 했네
보고 싶은 것도 안보고 더 모았네
이제는 살만하다 싶은데 병이 찾아와
병원비로 돈 날리고 병실에서 사네

나는 베짱이라네 놀고먹는 베짱이
노래하고 춤 주고 놀기만 했네
노래와 춤이 있으니 배고플 줄 알았네
그러나 오라는데 많고 부르는데 많아
돈 주고 밥 주네 재능 있다 칭찬 하네

베짱이가 개미에게 돈 빌릴 줄 알았는데
개미는 베짱이의 노래듣고 위로를 얻네
돈도 좋지만 놀 줄도 알아야지 베짱이의 위로
노는 것도 좋지만 돈을 모아야 노후가 좋지

둘이 논쟁은 앞으로도 계속 되지만
시대 따라 가치는 달라져 앞으로도
어떻게 살든지 선택은 본인의 자유
개미도 베짱이도 아름다운 인생 권리 있다네

개미의 성실함으로 사회는 발전이 되었고
베짱이의 노래로 마음은 평안을 얻었으니
개미도 베짱이도 많아지기 바라네
둘의 융합은 모두가 추구하는 이상이니까

정희순

내가 살던 그곳은

내가 살던 그곳은 외삼미 산골
복숭아꽃 살구꽃 아기 진달래
우물가 앵두꽃이 춤추는 동네
그 속에서 살던 때가 그립습니다

시골환경 힘들고 낯 설었어도
철마다 꽃이 피는 뒷동산 언덕
자두 꽃 목화 꽃이 아름다운 곳
그 속에서 살던 때가 그립습니다

마지막 홍시

모두가 침 흘렸지만
가장 높은 곳에 달린
그 감은 따지 않았다

까치를 위해서 남긴 걸까
구름을 위해 남긴 걸까
바람을 위해 남긴 걸까

까치들 한 무더기 날아왔건만
누구 하나 먼저 덤비지 못하고
나무에 앉아 서로 눈치만

나를 먹어다오
홍시의 외침은
허공으로 흩어지고
띠 웅
떨어진감
지구는 터졌다

정희순

 작곡 SUNO_당신을 사랑해요_작사 조향숙
시노래 뮤직 QR 감상하기

조향숙

문학춘추 시 신인상 수상
2022프랑스 파리시화전
파리에콜어워드 문학대상
2022 경기도 아차산 시화전시 작가
2023경주김유신장군공원시화전시작가
2024프랑스 올림픽 기념 시화전시작가
2024프랑스 올릭픽기념 문학상
2024년 쿠바수교기념 초대전 전시작가
초대전 문학대상
아태문화예술총연합회 문학이사
아태문화예술총연합회 호남지회 회원
담양문인협회 사무국장및회원
광주전남아동문학인회 회원!
문학춘추 작가회 회원

당신을 사랑해요

작사 조향숙

나 당신을 사랑해요
오로지 당신만을 향해 내 마음 전부 주고 있어요
당신의 사랑 나에게만 전부주세요
내 사랑 당신께만 전부 줄게요

아~아 뜨겁게 내뿜는 나의 숨결
출산할 때 느낀 산통 같은 내 사랑
우리가 소중한 인연 죽을 때까지 지켜가요

아아아 우리 사랑
작은 바람 한 점에도 흔들리지 말아요
이 세상 어떤 유혹도 우릴 갈라 놀 순 없어요

내 사랑을 믿어요 당신만 사랑하니까
당신만 내 사랑받으세요
당신도 나에게만 아낌없는 사랑 주는 거
잊지 말아요 언약해 줘요 나만 사랑한다고...

그대를 사랑하면서

서로 관심 있어 눈마주쳤어요
내 마음이 먼저 그 사람에게 달려갔어요
그 사람은 이런 내 마음을 알고 내 손잡아줬어요
그대여 무슨일 있더라도 내 손 절대 놓지 말아요
내 손 놓는 순간 나는 깊은 슬픔에 빠져 헤어나지 못할거에요

이 일을 어쩜 좋아요
이 일을 어떡해요
내가 당신을 많이 사랑해요 그래서 질투도 느껴요
사랑한 만큼 외로움도 느껴요

그대를 사랑하면서 느낀 외로운 마음을
비우고 비워봐도 자꾸 욕심이 생겨나요
사랑할수록 매일 커져만 가는 외로움을 매일매일 달래 봅니다

그대를 사랑하면서 인내를 해야함을 알았고
그대를 사랑하면서 화를 참아야 하는 법도 알았어요
그대를 사랑하면서 소중한 부부애를 더 잘 알게 되었고
그대를 사랑하면서 영원히 지지 않는 웃음꽃도 피웠어요
그래서 나는 매일이 행복합니다

성찰

매일 씻고
매일 빨고
매일 털어내도
아직도 남아있는 내 인생의 오물들

오늘은 과욕을 씻어내고
내일은 거짓의 옷을 빨고
모레는 겹겹이 쌓인
더러움을 털어내리라

과욕은 따뜻함으로 나누고
거짓은 진실의 사랑으로
더러움은 깨끗함으로
매일매일 씻어 내리라

거울 속에 비친
나의 오만함을 겸손으로
삶의 찌든 무표정을 온화한 미소로
배반과 증오를 용서와 사랑으로 채우리라

조향숙

해(를) 품(은) 사랑

하늘빛 찬란히 빛나는 바다여
바닷물 붉은 입술의 유혹에도
너와 나의 사랑 흔들림 없어라

오랜 세월 지켜 온 우리 사랑
영원히 함께할 나의 동반자와
다정하게 손잡고 올랐던 누각

지금, 이 순간이 영원하기를 염원하며
함께 불렀던 노래
당신은 나의 동반자여
우리 사랑 해품 사랑
오매 애틋하여라

사랑새

사랑하는 이여
나 그대의 그림자처럼
시원한 그늘을 주는 나무처럼
곧은 절개를 노래하는
댓잎 숲의 속삭임처럼
나는 그대에게
늘 사랑을 속삭여 주는
사랑새가 되렵니다
사랑을 속삭이다
조용히 그대 품에서
잠이 든 행복한 시간을
당신과 오래토록 함께 할 겁니다
정말 사랑합니다

조향숙

작곡 SUNO_가을에_작사 최옥화
시노래 뮤직 QR 감상하기

최옥화

샤론/최옥화 Choi ok hwa
유치원 원장(15년경력)
*아태문화예술 총연합회 부회장
*세계아트페어 예술협회 문화예술 국장
*윤동주 별 문학상
*황금펜 문학상
*글로벌 명인 대상
*대한민국 경제문화 문학대상
*자랑스러운 한국인 대상
*위대한 대한민국 100인 대상
*시니어모델 리더상
*남가주 문화예술협회 출품 작가
*한국의 시문학협회 문학상
*대한민국 문화예술 대상(작가부문)
*시낭송 지도사 1급자격증

가을에

작사 최옥화

가슴속에서 토해낸 그리움이
빨간 단풍잎으로 곱게 물들어
알록달록 수채화를 그리며
가을 세상에 걸려있는 내 사랑

아직도 안개 같은
그리움 속에 머물러 있는
내 사랑아

그 흔적만으로도
내 심장이 뜨거워지는
가을이 나는 참 좋습니다

우리 엄마

엄마가 되고서야 알았습니다
우리 엄마의 그 사랑을

여자의 일생을 살아가는 나를 위해
함께 웃다가 울다가
삶의 옷을 벗어 버린 우리 엄마

서럽던 시집살이에 흘린 눈물은
엄마의 바다가 되고
내가 시를 쓰는 이유가 되었습니다

서럽고 쓸쓸했던 우리 엄마의 일생은
내 가슴속에서 사랑 꽃으로 피어나
영원히 살아계십니다

나의 바다

마지막 차가운 미소를
하얀 날개로 덮고
먼 길 떠나간 내 사랑

간혹 이슬처럼 흐르는 눈물은
내 가슴속 깊은 곳에서
운명 같은 바다를 만들고
갈매기 한 마리 키웠습니다

때로는 폭풍같은 파도가 일고
고래 한 마리 살지 않는
나의 바다

청옥 푸름 바다
동백에 띄운 나의 시를
갈매기가 노래합니다

최우화

별

별이 좋아 별을 노래하며
별이 되고 싶다던 그대
그대가 별이라면
나도 별이고 싶어라

은하수 바다 건너
북두칠성 거기에
그대 있으려나

별이 쏟아지는 이 밤
아련한 그리움에
별들을 헤어봅니다

독도 사랑

늘 푸른 동해바다
겨레의 심장에 상징처럼
위풍당당하게 우뚝 서 있는 섬 독도

독도는 대한민국 가슴속
갈비뼈 중 하나가 아니던가
대한의 내 아버지들
독도 사랑 연정은 섬 벼랑 끝까지
동백에 꽃을 피우고
갈매기 울음소리에
향수를 달래신다

이웃 나라 송사리 떼들 가끔은
우리 가슴에 대못을 박으려 하지만
파도가 덮고 하늘이 지켜주시는
아름다운 섬 독도
독도는 우리나라
대한민국 땅입니다

최옥화

작곡 SUNO_하얀 첫눈_작사 최중환
시노래 뮤직 QR 감상하기

최중환

● 활동사항
♤행코책임교수 (행복학회 연구원),성공멘토교수
♤한국전문직업재능인증위원회 심사위원
♤가천대 고용노동부등 창업컨설팅 과정 강의 및 소비자파워협회. 기업강의 역임
♤국민기자뉴스 인문학 운영교수
♤세계아트페어 회장 및 아태문화예술총연합회 대표,한국의 시문학협회회장
♤도전월드봉사단중앙회 문화예술위원장
♤유엔평화모델 광주,전남선발대회 심사위원장외 다수
● 수상 내역
♤국회의원표창및 교육감교육장 표창(교육부문)
♤대학교 학과장상및 총장상 수상(교육부문)
♤경찰서장상및 경찰국장상 수상(치안부문)위대한 도전한국인상 수상(문화예술인부문)
♤충남도지사상및 인천시장상수상(문학및 자원봉사부문)♤자랑스런 한국인 대상수상(문학부문)
♤코로나19 재난 극복을 위한 희망의 얼굴상 수상(재난 극복)
♤자랑스런 한국인 의인대상 수상(한국인상 부문) ♤한국예총 문학상 수상(문학부문)
♤무궁화문학대상및 글로벌 최강명인 문학대상(문학부문)
♤아시아 문화예술 대상 ♤대한민국 경제문화공헌 대상
♤민족공훈 사회봉사부문 대상 ♤노벨문학상 후보추천 작품 훈장상 수상
♤도전월드봉사단중앙회 사회봉사부문 자원봉사 대상수상(봉사부문)
♤국제휴머니티상(자원봉사부문) ♤한국작가대상 수상(용인농촌테마파크 시화전)
♤한불 미술상수상
● 기타 봉사내역
♤전국소년소녀가장돕기 중앙회 ♤한강살리기 환경봉사
♤노숙인 급식봉사및 김장봉사♤100세 케어 치매어르신 손맛사지 봉사
♤서울역 길거리 어르신 명절봉사등등

하얀 첫눈

작사 최중환

보석처럼 아름답게
반짝이는 첫눈 내리는 새벽하늘

햇볕도 없이 내린 하얀 눈은
처마 끝에 솔솔 번져가네

애틋한 내 마음은 붙잡을 수 없이
첫눈 내리는 날 그대 하얀 눈물샘 덮어

하얗게 뿌리는 바람 속에
눈꽃 송이 발자국 그리며
너에게 가고 싶다

첫눈 오면 만나자고 약속했던
우리들 그리움 되어

그대 닮은 하얀 겨울이 되고 싶다

최중환

바보온달과 평강공주의 들꽃길 가냘픈 사랑

붉은 노을 언덕 위에 천 년의 길섶은
솔잎새 목마른 울음소리 요란한데
온달과 평강공주의 숨결이 다가오네

솔잎향기 마디마디 곱게 접어놓은
들꽃 길 그 흔적 내 영혼을 달구는데
옛 추억 뭉클한 사랑 전설로 다가오네

아련한 추억 속의 파노라마 떠올라
온달과 평강공주 애틋한 사랑은
솔향기 그림자처럼 들꽃 길 향기 품네

이슬 머금은 사랑

천년의 이슬 머금은 꽃
피어오르는 그대 미소 속에
살며시 생각할 수 있고
느낄 수 있어서 행복하다

그대의 순한 눈빛으로
향기 스치는 가지마다 나의 심장
떨릴 수 있는 고운 이슬로 머금은 사랑
꿈속에 심어 놓은 예쁜 그녀가 참 좋다

하얀 구름처럼 사랑을 그려갈 수
있어서 참 행복하다
꿈결같이 짜릿한 숨결 품으며

그대 분홍빛 향기로운 사랑을
내 손으로 살포시 잡아주는
순백의 아리따운 마음
구름 위에 별처럼 푸른 바다
수평선 잔잔한 물결로 별이 되고 싶다

최중환

봄 기억 쉬었다 간다

허름한 나루터 다가오는 쪽배를 본다
찌그러진 의자에 앉아
움츠린 가슴속 숨을 쉰다

아지랑이 피어오르는
황금빛 아침 살포시
미소를 머금으며

댕기 묶은 새색시 수줍음
그리움 건너
강가에 핀 버들강아지

길 언덕 홍매화 슬픈
기억 앓으시고

꽃망울 파르르 떨며
봄꽃 피는 노란 산수유 향기로
가득 담고 싶다

가을 흔적

하얀 이슬 목마른 그리움과
기다림 풋풋한 감정으로
내린 가을 잎새

저 하늘 그리움 걸쳐
스산한 낙엽 바람에 바삭거리며
떼구루루며 해맑은 사랑 구르는 소리

내 안에 얼굴 내밀며
가을 잎새와 대화를 하고
그 옷은 붉은 장미보다 아름답다

하늘 언저리 울긋불긋
그림물감 부어 놓 듯
후회 없는 가을 잎새

구름의 외로운 고된 빗장 풀고 윙크를 하며
그대 마음 넣어 살포시 토닥여 본다

붉은 단풍들을 셀 수 없을 만큼
겨울 열차는 기적을 울리며 달리는 차창 너머
순백의 겨울이여

최중환

□ 심사평 □

시가 문학적 가치가 있는지를 살펴봤다

시인 정성수

詩를 심사한다는 것은 시의 외적 형식이나 내용만을 살펴보는 것이 아니다.
시는 감정과 사유의 복합적인 표현이기 때문에, 단순한 평가를 넘어서 감동과 의미의 본질을 찾아내야 한다.
시인의 의도와 감정, 그가 처한 시대적 상황과 문화적 배경을 고려한 후, 독자에게 전달하려는 메시지와 감정이 어떻게 형상화되었는지를 평가하는 일이기 때문이다.
심사의 핵심은 '내용의 진정성 또는 진실성'과 '형식의 완성도'에 있다.
시의 내용은 시가 담고 있는 주제와 감정의 진정성을 담아야 한다.
따라서 심사자는 시가 표현하고자 하는 감정이나 사유가 진지하고 깊이가 있는지를 살펴야 한다.
이때 주제나 소재가 낡지 않고, 새로운 관점으로 세상을 바라보는 눈인지 판단 기준이 된다.

따라서 시를 구성하는 단어 하나하나가 중요한 역할을 하며, 시의 전반적인 분위기와 메시지를 형성하기 때문에 시의 언어적 독창성에 주목했다.
 단어의 선택과 배열이 얼마나 정교하고, 시의 분위기를 잘 살리는지를 평가했다.
 또한 구체적인 이미지와 상징을 통해 독자에게 깊은 인상을 남기는지. 얼마나 강렬하고 인상적인지를 살폈다.
 예를 들어, 밤하늘의 별은 단순히 자연 현상이 아니라, 그 속에 담긴 상징적인 의미를 내포하고 있는지,
 이미지가 추상적이거나 비유적일 때, 의미를 어떻게 풀어내어 독자가 무엇을 느낄 수 있는지에 대한 통찰력까지 보았다.
 시의 구조와 리듬 역시 중요한 심사관점으로 형식에서도 미적 가치를 지니며, 특정 리듬이나 운율이 감정의 흐름을 효과적으로 전달하고 있는지를 평가했다.
 시의 길이나, 각 행의 배치가 어떻게 감정을 드러내는지, 그리고 반복적 요소가 있을 때 그것이 강조하는 의미가 무엇인지를 살펴봤다.
 또한, 주제와 메시지가 신선하고, 깊이 있는 의미를 전달하는지를 고려했다.
 외에도 그것이 현대 사회와 어떻게 연결되는지, 주제가 시대적 맥락과 어떻게 상호작용하는지도 중요하게 여겼다.
 따라서 시의 주제, 구조, 감정, 언어, 이미지 등 다양한 요소들을 종합적으로 평가하여, 시가 문학적 가치가 있는지를 살펴봤다.
 본 시집 '빛의 울림으로 시를 품다'는 모든 요소를 하나로 결합해 세상에 내놓는다.
 시들이 독자에게 깊은 인상과 감동을 주어, 문학적 가치를 인정받을 수 있기를 소망한다.

2024년 12월 12일
심사위원장 시인 정성수 심사위원 시인 이유연 시인 최중환

창작동네 시인선 190

빛의 울림으로 시를 품다

인   쇄 : 초판인쇄 2024년 12월 12일
지은이 : 최중환 이유연 외
펴낸이 : 윤기영
편집장 : 정설연
펴낸곳 : 노트북 출판사
등   록 : 제 305-2012-000048호
본   사 : 서울시 동대문구 사가정로 256-4호 나동B101
전   화 : 070-8887-8233 팩시밀리 02-844-5756
H   P : 010-8263-8233
이메일 : hdpoem55@hanmail.net
판   형 : 신한국판형 P184_150-220

2024. 12_빛의 울림으로 시를 품다_최중환 이유연 외 두 번째 시노래 동인

정 가 : 15,000원

ISBN : 979-11-88856-92-3-03810

*저자와의 협의로 인지는 생략합니다.
*잘못된 책은 교환해 드립니다.